U0163980

華夏女子庭訓

沈時蓉　方滿錦
馮瑞龍　詹杭倫　編著

目　　錄

前　言

　　《華夏女子庭訓》一書是繼《華夏家書》①、《華夏家訓》②、《華夏教子詩詞》③三書之後，隆重推出的又一部中國傳統家庭教育研究資料專著。本書由沈時蓉、方滿錦、馮瑞龍、詹杭倫四人通力合作，經數年時間廣泛收集資料，精心編寫而成。

　　中國傳統女子庭訓源遠流長，自成系列。在古代，這些著作是女子的禮教規範和言行準則。在現當代，傳統女訓被不加分析地一概視為女性的枷鎖和婦女解放的障礙。久而久之，這些著作或被大量焚毀，或被束之高閣，少人問津。當代學者對這些書即使有所涉獵，大多也是從批判的角度著眼的，戴上有色眼鏡來觀看，結果當然不免片面偏激。為了倒掉洗澡水，把澡盆裡的孩子一併倒掉的情形往往有之。

　　其實，平心而論，中國傳統女訓無疑是精華與糟粕並存的。仔細發掘，就可以發現，傳統女訓中有著不少深具現實教育意義的好材料和好思想，它們是貞靜賢淑的東方女性的思想淵源，是中華民族傳統美德的重要組成部份，絕對不可以不加分析地輕言拋棄。

　　本書主要收錄從先秦到近代的中國傳統婦女教育專書，以及散見於其他書中有關女子庭訓的內容。本著一分為二的處理原則，剔除其中封建色彩過於濃厚的糟粕，選錄其中有積極意義的精華。當然，有時會遇到精華與糟粕共存一體，難以截然分開的情況，我們仍然酌情予以選錄，只是在題解

中加以說明和提示。

為了適應普羅大眾的閱讀需要，我們對選錄的每一則資料作了四個方面的工作：一是另擬醒目的標題，以增強閱讀的指引；二是準確的題解，以為知人論世之助；三是詳細的注解，以掃除閱讀的障礙；四是通俗的翻譯，讓古籍成為現代化的文本。為了給女訓研究者提供線索，本書附錄班昭《女誡》、查琪《新婦譜補》、章學誠《女學》、愛新覺羅福臨《御定內則衍義·序》等資料原文，以便雅俗共賞。

二十一世紀的中國社會是一個走向現代化的社會，大量西方的思想傾泄在中華大地上，一時間魚龍混雜，泥沙俱下。當代年輕女性在新浪潮的衝擊之下，如何能夠在現代化的同時，站穩腳跟，保持東方女性的本色？驀然回首，老祖宗的訓誡也許可以助您一臂之力。

相信本書的出版，會受到廣大女性與關心婦女問題的人士的關注和歡迎。

香港著名實業家田家炳先生對本書的研究給予大力支持，當本書出版之際，謹向他致以崇高的敬意。

注 釋

① 《華夏家書》，成都出版社，1990年版。
② 《華夏家訓》，天地出版社，1995年版。
③ 《華夏教子詩詞》，天地出版社，1997年版。

孝敬長輩　教育子女

（一）

　　婦事舅姑①，如事父母。雞初鳴，咸盥漱，櫛、縰、笄、總②，衣紳③；左佩紛帨、刀、礪、小觿、金燧④；右佩箴、管、線、纊、施縏袠、大觿、木燧⑤，衿纓綦屨⑥，以適父母舅姑之所。及所，下氣怡聲，問衣燠寒，疾痛苛癢，而敬抑搔之⑦。出入則或先或後，而敬扶持之。進盥，少者奉槃⑧，長者奉水，請沃盥。盥卒，授進巾，問所欲而敬進之，柔色以溫之。

（二）

　　擇於諸母與可者，必求其寬裕慈妻，溫良恭敬，愼而寡言者，使爲子師。

　　子能食食，教以右手；能言，男唯女俞⑨。男鞶革，女鞶絲⑩。六年，教之數與方名⑪，七年，男女不同席，不共食。八年，出入門戶，及即席飲食，必後長者，始教之讓⑫。九年，教之數目⑬。十年，出就外傅，居宿於外，學書記。衣不帛襦褲，禮帥初⑭，朝夕學幼儀，請肄簡諒⑮。十有三年，學樂誦《詩》，舞《勺》⑯。成童，舞《象》⑰，學射御。二十而冠⑱，始學禮，可以衣裘帛，舞《大夏》⑲，敦行孝弟，博學不教，內而不出⑳。三十而有室，始理男事㉑。博學無方，孫友視志㉒。

四十始仕，方物出謀發慮㉓，道合則服從，不可則去。
五十命為大夫，服官政㉔。七十致事㉕。

——《禮記·內則》節選

題 解

本篇選自《十三經註疏》。《禮記》是秦漢以前各種禮儀
論著的彙編，為儒家經典之一，相傳西漢戴聖編纂。有東漢
鄭玄《禮記注》、唐孔穎達《禮記正義》。是研究中國古代社
會情況、儒家學說和文物制度的參考書。全書分為四十九
篇，《內則》是第十二篇。《內則》「記男女居室，事父母舅
姑之法」（鄭玄注），規定婦女在家庭內的行為準則，可看作
是現在最古老的女訓著作。全文的主旨在於強調「男女有
別」、「男主外、女主內」，為延續了兩千多年的中國封建社
會的婦女教育思想定下了基調，後世的女訓女誡類著作大都
是不厭其煩地闡述、重申這篇文章的內容。

這裡所選有關孝敬父、母、公、婆和教育子女的兩段文
字，可以幫助我們瞭解那個時代對婦女在這兩方面的要求。
儘管時代不同，對婦女的要求也有所不同，但孝敬父母公
婆、教育子女成才仍然應當是現代婦女肩負的兩大責任。從
這個意義上說，這篇古老的女訓具有現實意義。

注 釋

①舅姑：舊指公公婆婆。

②櫛（ㄓ）：梳理頭髮。縰（ㄕ）：古時束髮的緇帛。笄（ㄐ）：用以
　　插定髮髻的簪子。總（ㄗㄨ）：同「總」。束髮。

③衣：穿上，此用如動詞；紳：束在腰間、一頭垂下的大帶。

④紛帨：拭物的佩巾。礪：磨石。小觿（ㄒ）：古代用以解繩結的角
　錐，用象骨製成。金燧（ㄙㄟ）：古代取火的工具，可取火於日光。

⑤箴：同「針」。纊（ㄎㄨㄤ）：絲棉絮。施：在旁而及。繁袠（ㄉㄨㄓ）：有
　刺繡花紋的小囊。木燧：以木鑽火的工具。

⑥衿纓：衿，結、繫；纓，香纓；以五彩絲為之。古制，婦人繫纓於
　身，示有所屬；而男女未成年時，也結纓以佩香囊，便於近侍父母。
　綦屨（ㄑㄧㄐㄩ）：綦，鞋帶，此用如動詞；屨，鞋子。

⑦苛：疥瘡，抑：按。搔：摩。

⑧盤槃：承水之器皿。

⑨男唯女俞：唯、俞皆為應答之辭。唯之聲直，俞之聲婉，故男唯女
　俞。

⑩鞶（ㄆㄢ）：小囊，即俗謂荷包。鄭玄注「鞶，小囊，盛帨巾者。」
　革：去毛並經加工的獸皮。

⑪方名：寫在板上的淺顯文字。古代文字，不及一百字寫在策（竹簡）
　上，百字以上寫在方（木板）上。

⑫讓：禮讓，謙讓。

⑬數目：指朔望和干支甲子等天文知識。

⑭禮帥初：禮節威儀遵循往日所為。帥，遵循。

⑮肄（ㄧ）：學習，練習。簡：課業。諒：應對。鄭玄注：「肄，習
　也；諒，信也。請習簡，謂所書篇數；請習信，謂應對之言也。」

⑯《勺》：古代文舞的一種。

⑰成童：指十五歲以上。《象》：古代武舞的名稱。

⑱冠：古代男子二十歲成人之禮。

⑲《大夏》；相傳為夏禹樂名，文武音樂皆備。

⑳內而不出：內，同「納」虛心聽取而不輕易表達自己心中的謀慮。

㉑室：妻。男事：指男子成年後接受田地、承擔徵役之事。

㉒博學無方、孫友視志：指學無常規，可順於朋友，在志所好。方：常道、常規；孫：順從。

㉓方：常；物：事。

㉔服：從事、擔任。

㉕致事：致其事於君而告老，即退休。

翻譯

（一）

　　媳婦侍奉公婆，就同侍奉父母一樣。每天早晨雞剛叫，就應起床洗臉漱口，梳頭束髮，簪好髮髻。穿好衣服，繫上帶子。左邊佩戴上手巾，刀磨石、小角錐、取火工具等；右邊戴上針、管、線、絲棉，在這四樣東西旁邊還要有小花囊、鑽火的木頭等。佩戴五彩香囊，繫好鞋帶，然後去父母或公婆的住所。到達之後，要用柔和溫婉的聲音問他們冷暖安康，有無疾病或瘡痛，並且小心翼翼地替他們按摩。長輩出入，要跟前隨後小心地扶持著。給長輩端洗臉水，年輕的捧盆子，年長的端水，請長輩洗臉漱口。洗漱完，再遞上毛巾。問長輩想要什麼就獻上什麼，和顏悅色地遞上去。

（二）

　　為子女選擇可以擔負撫養職責的媬姆，一定要選那些寬厚慈祥、賢惠溫柔，善良恭敬，並且言行是謹慎不多言多語的人，這樣的人可作為子女的老師。

　　兒子能吃飯時，教他用右手；能說話時，男孩子聲音要粗直，女孩子聲音要柔婉。男孩子的荷包用皮革做成，女孩子的荷包用絲帛做成。兒子長到六歲，教他數目字和認識一些簡單的文字。七歲，男女就不能在一起睡覺吃飯。八歲，

走出家門去親戚家串門，在桌席上吃飯一定要在長輩們之
後，要開始教兒子懂得禮讓。九歲，要教他懂得朔望、干支
等常識。十歲，可以外出拜師學習，在外面住宿，練習書寫
和潛心讀書。穿衣不能穿絲帛做的襖褲。禮節遵循往日所
為，從早到晚學習成童的禮儀，學習各種課業和應對之言。
十三歲，學樂歌，朗誦《詩經》，學習古代文舞。十五歲，學
習古代武舞，學習騎馬射箭。二十歲行成人禮，開始學《禮
記》，可以穿皮衣和絲帛製的衣服，學習文武皆備的《大夏》
舞，行為謹慎，孝敬父母，敬愛兄長博學多才，心中有想法
而不輕易說出來。三十歲娶妻，開始承受田地、徵役之事。
學習可不按照常現，順從朋友，視自己所好而學。四十歲可
外出做官，對一般的事情有所謀慮，符合道理就服從，不合
理就離去。五十歲可當上大夫，從事官府的政務。到七十
歲，就告老還鄉了。

婦順則家室長久

昏禮者①，將合二姓之好，上以事宗廟，而下以繼後世也，故君子重之。

敬慎重正②，而後親之，禮之大體，而所以成男女之別，而交夫婦之義也，男女有別，而後夫婦有義，夫婦有義，而後父子有親，父子有親，而後群臣有正，故曰：昏禮者，禮之本也。

成婦禮③，明婦順④，又申之以著代⑤，所以重擇婦順焉也，婦順者，順於舅姑，和於室人，而後當於夫⑥，以成絲麻布帛之事，以審守委積蓋藏⑦。是故婦順備而後內和理，內和理而後家可長長也，故聖王重之。

是以古者⑧，婦人先嫁三月，祖廟未毀，教于公宮⑨；祖廟既毀，教於宗室⑩。教以婦德、婦言、婦容、婦功⑪。教成祭之⑫，牲用魚，芼之以蘋藻⑬，所以成婦順也。

——《禮記·昏義》節選

題解

本篇選自《十三經註疏》。《禮記》一書介紹見上篇。《昏義》是《禮記》的第四十四篇，內容是：「記取妻之義，內教之所由成也。」（鄭玄注）文中明確提出「婦德、婦言、婦容、婦功」，是封建社會對婦女「四德」要求的源頭所在，以致後世在此基礎上敷衍出的女訓女教著作不計其數。文中

反覆強調的「婦順」形成了中華民族以婦女柔順為美的審美標準，不獨在封建社會被奉為女訓女教的圭臬，同時對中華婦女獨特的氣質風度的形成有巨大影響。

注　釋

①昏禮：古時娶妻之禮於黃昏舉行，故稱昏禮，後加女旁作「婚」。

②敬慎重正：指行婚禮時必須恭敬謹慎，尊重正禮。

③成婦禮：婚禮成後，新婦要向公婆獻上棗栗等物，表示成為其媳婦的禮節。

④明婦順：婚禮成後，新婦要向公婆獻上小豬等物，表明自己的孝順之意。

⑤著代：婚禮後公婆自西階下，新婦自東階下，表明從此媳婦將代公婆承擔家務之事。

⑥當：稱。

⑦審守：詳細周密地保守。委積蓋藏：指家中所有積蓄儲備、掩蓋藏聚之物。

⑧古者：此指與天子諸侯同姓者。

⑨祖廟：指所嫁女子之祖。未毀：按宗法親過高祖者，自移神主於太廟中，稱為毀廟。「未毀」指祖輩的神主尚未移到太廟中。公宮：指天子諸侯的宮室。

⑩宗室：指宗廟，即太廟，太祖之廟。

⑪鄭玄注云：「婦德，貞順也；婦言，辭會也；婦容，婉娩也；婦功，絲麻也。」自此成為中國封建社會婦女必須遵循的「四德」。

⑫祭之：祭女子所出之祖。

⑬魚和藻皆為水中生長之物，屬陰類，女子出嫁前的祭祀不用豬牛羊等祭品，不用稻黍粱製羹，皆有特殊含義。芼（ㄇㄠ）：用蘋藻類水草雜肉作羹。

翻 譯

　　婚禮是把兩個不同的家族連接起來的儀式。對上是繼承祖宗的事業,對下是延續後代的香火,所以君子對這個儀式很重視。

　　對待婚禮一定要恭敬謹慎,尊重正禮,而後男女相親相愛,這是婚禮中最重要的地方,之所以要有男女之間的區別,是為了建立起夫婦之間的情義。男女有區別,而後夫婦才有情義,夫婦有情義,而後父子才有和睦;父子和睦,而後君臣關係才恰當,所以說婚禮是各種儀式中最根本的禮節。

　　婚禮後,新婦要向公婆獻上棗栗等物,表示成為其媳婦;還要向公婆獻上小豬等物,表明自己的孝順之意;最後當公婆從西階下時,新婦從東階下,表明從此媳婦將代公婆承擔家務之事。這三件事中,最重要的是表明自己的孝順之意,媳婦孝順,能順從公婆,與家人和睦相處,這之後才能與丈夫相稱,能管好家中紡紗織布等家務事,並詳細周密地保管好家中所有積蓄掩藏的物品。所以媳婦孝順就能使家庭和睦、家務事井井有條。家庭和睦有序才能使家道長久興旺,所以聖王重視婦女柔順孝順這一點。

　　古代與天子諸侯同姓的家族,在女子出嫁前三個月,如果祖父輩的神主尚未移到太廟中,就在天子諸侯的宮室中教育女子;如果祖父輩的神主已經移到太廟中,就在太廟裡教育女子。教育女子的內容是婦德、婦言、婦容、婦功四項。教成後就舉行祭祖的儀式,祭祀時的祭品只用魚,製作羹湯也只用蘋藻等水草,這都是為了讓即將出嫁的女子明白婦女應該柔順、孝順的緣故。

婦重胎教　生子端正

　　古者婦人姙子①。寢不側，坐不邊，立不蹕②。不食邪味，割不正不食③，席不正不坐④。目不視於邪色⑤，耳不聽淫聲，夜則令瞽誦詩⑥。道正事如此⑦，則生子形容端正，才德過人矣，太王之子曰王季⑧。王季成童，靡有過失⑨，娶太任⑩。太任之性，端一誠莊，唯德之得。不視惡色，不聽淫聲，不出敖言⑪，能以胎教。生文王而明聖⑫，太任教之，以一而識百⑬，卒爲周宗⑭。

　　　　　　　　　　——〔漢〕劉向《列女傳・胎教》

題　解

　　本篇原載劉向《列女傳・母儀・周室三母》，南宋劉清之《戒子通錄》摘引時改稱《列女傳・胎教》。作者劉向（前77-前6），西漢目錄學家，字子政，沛（今江蘇沛縣）人。歷仕漢宣帝、元帝、成帝三朝，官至中壘校尉。成帝時曾奉詔校理群書，撰成《別錄》，爲目錄學史上的開山之作。今存著作有《新序》、《說苑》、《列女傳》等。《列女傳》可稱爲中國女訓第一書，據說劉向見漢成帝後宮荒淫，因此編纂《列女傳》，希望通過此書起一定鑒戒作用，爲女性確立基本生活規範。他把散見於各種典籍的女教女訓內容系統地編纂爲一百零五人傳，分爲母儀，「賢明」、「仁智」、「貞順」、「節義」、「辨通」、「孽嬖」七篇，先提出自己擬訂的標準，再以符合標準的女性範例進行說明。《列女傳》成了兩千多年

來中國古代婦女生活範本。其擬訂的標準被奉為判別女性是
非曲直的準繩，標誌著中國女性女教著作的真正形成。在這
篇有關「胎教」的文字中，劉向主張懷孕婦女要注重睡姿、
坐姿、站姿，並且不得食邪味、觀邪色、聽淫聲，夜間要聽
樂師吟誦詩歌，讓嬰兒在母腹中即接受文學與音樂的薰陶。
這些主張對今人從事胎教科學研究，不無啟發。

注釋

①姙子：懷孕。

②立不蹕：站立時不歪斜著身子。

③割：指用刀割肉。牲畜肉一部分屬正肉，如背脊、肋巴部位；一部分
屬次肉，如槽頭部位。此謂孕婦不得食用次肉。

④席：供坐臥鋪墊的用具，一般用蒲葦組成。

⑤邪色：間雜之色，與純色相對。《禮記‧玉藻》疏引皇侃注：「正
色，謂青赤黃白黑方正色也；不正，謂五方間色也，綠紅碧紫騮黃是
也。」

⑥瞽（ㄍㄨˇ）：樂師。《國語‧周語》韋昭注：「瞽，樂太師。」

⑦道正事如此：引導孕婦正確地這樣做。道：同「導」。

⑧太王：周文王祖父古公亶父。王季：周文王父親季歷。

⑨靡：無，沒有。

⑩太任：周季歷之妃，文王之母，見《史記‧周本紀》。《詩‧大雅‧
思齊》：「思齊大任，文王之母。」大任，即太任。

⑪敖言：傲慢激烈的言辭。敖，通「傲」。

⑫明聖：即聖明，意謂英明而無所有知。

⑬以一而識百：意謂舉一反三，觸類而旁通。

⑭周宗：西周王朝的奠基者。

翻 譯

　　古代的婦人懷孕後，睡不側身，坐不靠邊，站不歪斜，不吃怪異的食物，牲畜肉不是正肉不吃，蒲席沒有放正不坐。眼睛不看雜七雜八的顏色，耳朵不聽亂糟糟的聲音，夜晚則叫樂師吟誦詩歌。引導孕婦正確地這樣做，則生子外表容貌端正，才華品性超人。周文王的祖父太王，他的兒子叫季歷。季歷在青少年時代，沒有什麼過錯，後來娶了太任為妻。太任的性格端莊誠實，用心專一，只有符合道德的事才做。她不看令人生厭的顏色，不聽亂七八糟的聲音。不說傲慢激烈的言辭，做到了胎教。因此她生下英明而無所不知的周文王，太任專心教育他，使他能舉一反三，觸類旁通，最終成為西周王朝的奠基者。

夫婦之道　人倫大節

　　夫婦之道，參配陰陽，①通達神明。信天地之弘義②，人倫之大節也。是以《禮》貴男女之際③，《詩》著〈關雎〉之義④。由斯言之，不可不重也。夫不賢，則無以御婦；婦不賢，則無以事夫。夫不御婦，則威儀廢缺；婦不事夫，則義理墮闕。方斯二事，其用一也⑤。察今之君子，徒知妻婦之不可不禦，威儀之不可不整，故訓其男，檢以書傳⑥。殊不知夫主之不可不事，禮義之不可不存也。但教男而不教女，不亦蔽於彼此之數乎⑦！《禮》，八歲始教之書，十五而至於學矣，獨不可依此以為則哉⑧！

——〔漢〕班昭《女誡·夫婦》

題　解

　　本篇選自《後漢書·列女傳》。作者班昭（約49-120），東漢女史學家、文學家。字惠班，一名姬，扶風安陵（今陝西咸陽東北）人。班彪之女，班固之妹。嫁曹世叔，早寡。其兄著《漢書》未竟而卒，漢和帝詔其續成之。和帝時常出入宮廷，擔任皇后和妃嬪的教師，號為曹大家（ㄍㄨ）。所著《女誡》包括「卑弱」、「夫婦」、「敬慎」、「婦行」、「專心」、「曲從」、「和叔妹」七篇，闡述中國封建社會男尊女卑、三從四德的道德規範，影響極為深遠，成為封建社會女訓書的經典，被譽為「中國女訓之祖」，班昭也被譽為「百世女

師」。後世的女訓書多由此立論，很少能出其範圍，中國古代社會婦女的生活準則和應遵從的倫理道德觀念由此而系統化、理論化。

　　這裡選錄的《夫婦》原列《女誡》第二，主張夫婦關係應該以「賢」為基礎，善待對方，互敬互重，並主張女子應該與男子一樣接受教育。儘管其中仍然有男尊女卑的意味，提倡婦女接受教育亦是從學習禮義教化著眼，但對後世的影響主要是積極的一面。

注　釋

①參配：參合、配合。

②信：的確，確實。弘義；大義。

③《禮記・昏義》雲：「昏禮者，將合二姓之好，上以事宗廟，而下以繼後世也，故君子重之。」「敬慎重正，而後親之，禮之大體，而所以成男女之別，而之夫婦之義也。」此句意謂《禮記》等典籍非常重視男女結為夫婦的意義。

④〈關雎〉：《詩經・周南》中的篇名，亦《詩經》中第一首詩。《毛詩序》云：「〈關雎〉，后妃之德也，風之始也，所以風天下而正夫婦也。」傳統解《詩經》者皆把〈關雎〉詩意解釋為歌頌后妃之德。此句也認為〈關雎〉講的是后妃之德行，也就是夫婦之道。

⑤二者：指代上文「夫賢御婦」、「婦賢事夫」。用：功用，作用。

⑥書傳：指儒家經典著作如《禮記》、《儀記》等以及這些書的注語。

⑦蔽：蒙蔽，沒有認識到。彼此之數：指夫婦雙方都應該遵守的禮節。

⑧獨：豈，難道。則：法則，法度。

翻 譯

夫婦的事理，配合著天地陰陽，與萬物神靈相通，確實是天地間的重大道理，人世間的重要禮節，所以《禮記》等經典著作都非常重視男女結為夫婦的那種關係。《詩經‧關雎》也講了后妃之德，即做夫婦的道理。由這些看來，不可不重視夫婦之道。丈夫若不賢，則不能管理妻子；妻子若不賢，則不能侍奉丈夫。丈夫不能管理妻子，則威信廢缺；妻子不能侍奉丈夫，則道理不存。丈夫管理妻子、妻子侍奉丈夫，這二者的作用是一樣的。我看現在有些人，只知道妻子不可不管理，威信不可不樹立，因此用儒家經典著作來教兒子。殊不知丈夫不能夠不侍奉，禮義不能夠不講究。只訓教兒子而不教育女兒，對男女雙方都應該遵守的禮節顯然還是沒有認識到。《禮記》這類書，八歲開始學習，到十五歲就應該瞭解掌握，難道不應該依照它來作為行事的準則嗎？

陰陽殊性　男女異行

陰陽殊性，男女異行①。陽以剛爲德，陰以柔爲用②；男以強爲貴，女以弱爲美。故鄙諺有云：「生男如狼，猶恐其尪③，生女如鼠，猶恐其虎。」然則修身莫若敬，避強莫若順。故曰敬順之道，婦之大禮也。夫敬非它，持久之謂也，夫順非它，寬裕之謂也⑤。持久者，知止足也：寬裕者，尙恭下也⑦。夫婦之好，終身不離。房室周旋，遂生媟黷⑧。媟黷既生。語言過矣⑨。語言既過，縱恣必作：縱恣既作⑩，則侮夫之心生矣。此由於不知止足者也，夫事有曲直。言有是非。直者不能不爭，曲者不能不訟⑪。訟爭既施，則有忿怒之事矣，此由於不尙恭下者，侮夫不節，譴呵從之⑫；忿怒不止，楚撻從之⑬。夫爲夫婦者，義以和親，恩以好合。楚撻既行，何義之存？譴呵既宣，何恩之有？恩義俱廢，夫婦離矣。

——〔漢〕班昭《女誡·敬慎》

╱題　解

本篇選自《後漢書·列女傳》。作者班固介紹見上篇。此篇原列《女誡》第三，作者分析「男剛女柔」的性格特徵，認為男女性格有剛強和柔弱的差異，具有互補性。在處理夫婦關係上，女方應當以柔爲主，注重協調家庭關係。以促使夫妻和睦，家庭幸福。就其正面意義而言，陽剛陰柔的觀念

有助於夫婦雙方把握自己的角色特徵，也基本符合男女性格的實際。就其負面影響而言。陰陽觀念便是：「三綱」政教的哲理基礎，「君為臣綱，父為子綱，夫為妻綱」的觀念，片面強調陽對陰的主導作用，贊成男方對女方的絕對控制權，損害了婦女的人格獨立性，是應該被批判揚棄的。作者所主張的在是非曲直面前，婦女也應持不爭不訟的態度，也是現代婦女所不能接受的。

注 釋

①異行：性格行為有差異。

②陽以剛為德：陽性以剛為特性。陰以柔為用：陰性以柔為特性。《易經‧說卦》：「立天之道曰陰與陽，立地之道曰柔與剛。」

③尪（ㄨㄤ）：瘦弱。

④夫：句首發語辭。

⑤寬裕：寬容。《荀子‧君道》：「其於人也，寡怨寬裕而無阿。」

⑥知止足：懂得適可而止，知足常樂。《老子》：「知足不辱，知止不殆，可以長久。」《禮記‧大學》：「知止而後有定，定而後能靜。」

⑦尚恭下：崇尚謙遜順從。

⑧媟黷（ㄒㄧㄝˋㄉㄨˊ）：輕慢，褻狎。

⑨過：失度，無節制。

⑩縱恣：放肆無忌的態度。

⑪訟：爭辯是非。

⑫譴呵：譴責、呵斥。

⑬楚撻：用鞭棍抽打。

翻 譯

　　天地陰陽的屬性不相同。男女的性格行為有差異。陽性
以剛為屬性，陰性以柔為特徵；男性以強健為美，女性以柔
弱為美。因此有諺語云：「生男如狼，還是擔心他不夠強
壯；生女如鼠，還是擔心她如老虎般張狂。」修身養性沒有
比恭敬更重要，避免張狂沒有比順從更要緊，因此說恭敬順
從是婦人最重要的禮節。恭敬才能維持長久，順從就是寬於
待人。能維持長久的人，懂得適可而止，有寬容之心的人，
崇尚謙和。夫婦之間關係密切，終身不分離。同在一個房子
裡生活，難免有輕慢不當的行為，有了不當行為，語言就難
免失控；有了過頭的語言，態度就難免放肆；有了放肆的態
度，就會有欺侮丈夫的心思，這是不懂得適可而止的婦人的
所作所為。事情有對錯，評議有是非。凡是自認為正確的就
加以爭論，自認為受了委屈就加以辯白。一旦有了爭辯，那
就會有忿恨發怒的舉動，這是不遵從謙遜順從的婦人的言行
舉止，想欺侮丈夫，不遵守婦道，必然會招致譴責呵斥，忿
恨發怒的舉動也必然會招致鞭棍的抽打。作為夫婦，和睦親
熱正是本份，恩愛敬重才有情義。如果鞭棍抽打在身，情義
哪裡會存?譴責呵斥滿耳，恩愛哪裡會有？情義恩愛都不復存
在，夫婦也就離異了。

面需修飾　心需思美

　　夫心猶首面，是以甚致飾焉①。面一旦不修修飾，則
塵垢穢之②；心一旦不思善，則邪惡入之。人咸知飾其
面而莫修其心，惑矣！夫面之不飾，愚者謂之醜；心之
不修，賢者謂之惡。愚者謂之醜，猶可；賢者謂之惡，
將何容焉③？故覽照拭面④，則思其心之潔也；傅脂⑤，
則思其心之和也；加粉⑥，則思其心之鮮也；澤髮⑦，則
思其心之順也；用櫛⑧，則思其心之理也；立髻⑨，則思
其心之正也；攝鬢⑩，則思其心之整也。

——〔漢〕蔡邕《女誡》

∕題 解

　　此篇選自《全後漢文》卷七十四，是嚴可均從《文選》
卷五十六張華〈女史箴〉注語和《太平御覽》等書中輯錄
的。作者蔡邕（132-192），東漢文學家、書法家，字伯喈，
陳留圉（今河南杞縣）人。靈帝時為漢郎，因上書獲罪，流
放朔方。董卓專權時，起為祭酒，累遷左中郎將，封高陽鄉
侯。卓被誅後，邕受牽連被捕，死於獄中。本文是蔡邕寫給
其女的訓誡之詞。文中斥責只重外表修飾、輕視內心道德修
養的不良世風，主張將外表美與心靈美二者緊密結合起來。

∕注 釋

①甚致飾：很應該給予修飾。

②穢之：使面容污穢。

③將何容焉：將如何為社會所容納呢？

④覽照拭面：對著鏡子清潔面部。

⑤傅脂：擦抹胭脂。

⑥加粉：臉上施粉，使之光潔鮮亮。《急就篇》卷三注：「粉謂鉛粉及米粉，皆以傅面取光潔也。」

⑦澤髮：塗抹油脂使頭髮光澤柔順。

⑧用櫛：用篦子梳理頭髮。

⑨立髻：挽起頭髮，做成髮髻。

⑩攝鬢：整理鬢髮，使之整齊。

/翻　譯

　　人的心靈就像人的臉面一樣的，所以很應該給予修飾。臉面一天不修飾，灰塵污垢就會使面容汙穢；心一天不思善，邪惡的念頭不會趁虛而入。人們都懂得修飾自己的臉面，而不加強自己心靈的修養，這真是大錯特錯了。臉部不加修飾，最多愚笨之人說你醜陋；而心靈不加修養，賢明之人就會說你醜惡。愚笨的人認為你醜陋，這還可以忍受；賢明的人認為你醜惡，這將如何為社會所容納呢？所以當你對著鏡子清潔面部時，要想到你的心靈是否潔淨；當你擦抹胭脂時，要想到你的心靈是否和潤；當你塗加脂粉時，要想到你的心靈是否鮮亮；當你潤澤頭髮時，要想到你的心靈是否柔順；當你用篦子梳理頭髮時，要想到你的心靈是否調理；當你挽髮做成髮髻時，要想到你的心靈是否齊整；當你整理鬢髮時，要想到你的心靈是否端正。

懷孕之身　在乎正順

　　吾之妊身①，在乎正順②。及其生也，思存於撫愛③。其長之也，威儀以先後之，禮貌以左右之，恭敬以監臨之④，勤恪以勸之⑤，孝順以內之⑥，忠信以發之。是以皆成⑦，而無不善。汝曹庶幾勿忘吾法也⑧。

　　　　　　　　　　——〔漢〕杜泰姬《戒諸女及婦》

題　解

　　本篇選自《華陽國志》卷十下。作者杜泰姬（生卒年不詳），南鄭（今陝西漢中）人。為東漢時四川犍為太守趙宣之妻。她在這篇對家中諸女及媳婦的訓誡中，論及自己從胎教、幼教到成人教育的教子方法，足資後人借鑒。

注　釋

①妊身：懷孕在身。

②正順：姿勢端正，心性和順。

③思：心思。存：放

④監臨：監督察看。

⑤勤恪：勤勉謹慎。

⑥內：通「納」。全句意謂培養兒子的孝順之心。

⑦皆成：指其子皆成為德行完善之人。

⑧汝曹：你們。庶幾：希望。《孟子·梁惠王下》「王庶幾改之，予日望之。」

翻譯

　　我有孕在身的時候，特別講究姿勢端正，心性和順。孩子生下來後，在他幼小的時候，一門心思只放在撫育他長大。等到長大成人，逐步教他端莊的容貌儀表，教他禮貌的態度舉止，監督察看他是否謙恭敬順，勸教他要勤勉謹慎，培養他要孝敬順從，啟發他要忠厚誠實。所以我的兒子們都成為了德行完善之人，沒有一個不善之輩，我希望你們不要忘記我的方法。

和顏悅色　正身潔行

　　《詩》云：「泉源在左，淇水在右，女子有行，遠父母兄弟。①」明當許嫁，配適君子，竭節從理②，昏定晨省③，夜臥早起，和顏悅色，事如依恃，正身潔行，稱爲順婦。以崇螽斯百葉之祉④，婚姻九族，云胡不喜？聖人制禮，以隔陰陽。七歲之男，王母不抱⑤；七歲之女，王父不持⑥。親非父母，不與同車；親非兄弟，不與同筵。非禮不動，非義不行。是故宋伯姬遭火不下堂，知必爲災，傅母不親，遂成於灰。《春秋》書之，以爲高也⑦。

——〔漢〕荀爽《女戒》

題　解

　　本篇選自南宗劉清之《戒子通錄》卷八。作者荀爽(126-189)，一名諝，字慈明，後漢人。幼好學，年十二能通《春秋》、《論語》。時人譽爲「荀氏八龍，慈明無雙」。董卓弄權，脅迫其任司空，與王允等共謀圖卓，以病卒。著有《禮易諸傳》、《尚書正經》、《春秋條例》等百餘篇。《女戒》一文，宣揚傳統的儒家道德觀念，以「順」爲婦女的基本行爲規則。主張女子適時出嫁，固然有一定道理；但要求婦女「非禮不動，非義不行」，則屬迂腐之見。其觀點對後世女訓有較大影響。

注　釋

①見《詩經·衛風·竹竿》。毛詩作「遠兄弟父母」。毛《傳》：「衛女思歸也，適異國而不見答，思而能以禮者也。」鄭《箋》「小水有流、入大水之道，猶婦人有嫁於君子之禮。」

②竭節：努力遵守各種禮節。

③昏定晨省：黃昏時為父母安定床衽，晨起省問安否。舊時子女供奉父母朝夕問題的禮節，《禮記·曲禮上》：「凡為人子之禮，冬溫而夏清，昏定而晨省。」

④崇：增長，增加。螽（^业）斯：蟲名，《詩經·周南》有〈螽斯〉篇，篇中一章有「宜爾子孫振振兮」，二章有「宜爾子孫繩繩兮」，三章有「宜爾子孫蟄蟄兮」，以螽斯之多而成群，比喻子孫之眾，故後世用為祝人多子多孫之詞。百葉：言其後裔繁盛。《三國志·魏·高堂隆傳》「（始皇）自謂本枝百葉永垂洪暉，豈寤二世而滅，社稷崩圮哉！」。祉：福。

⑤王母：祖母。《爾雅·釋親》：「父之妣為王母。」

⑥王父：祖父。《爾雅·釋親》：「父之考為王父。」

⑦《春秋穀梁傳·襄公三十年》：「伯姬之舍失火，左右曰：夫人少辟火乎？伯姬曰：婦人之義，傅母不在，宵（夜）不下堂。左右又曰：夫人少辟火？，伯姬曰：婦人之義，保母不在，宵不下堂。遂逮乎火而死。婦人以貞為行者也，伯姬之婦道盡矣。詳其事，賢伯姬也。」

翻　譯

　　《詩經·衛風·竹竿》云：「泉源左邊流，淇水右邊淌，有位姑娘嫁得遠，別了兄弟離爹娘。」這是說女子到了應當

出嫁的年齡，就要選配適當的君子。努力遵守各種禮節，遵從各種規矩，對父母公婆要朝夕侍奉，自己要晚睡早起，和顏悅色，事事都如有所依靠，保證自己言行端正，道德高尚，這就可以稱為「順婦」。這樣的女子能使家庭增加多子多孫的福氣，能讓互相聯姻的親戚，關係親密，這樣的女子誰不喜歡呢？古代聖人制定禮節規矩，用來間隔陰陽男女。男孩子長到七歲，即使祖母也不能抱；女孩子長到七歲，即使祖父也不能親近。不是親生父母，不能同乘一輛車；不是親生兄弟，不能同在一起吃飯。女孩子凡不符合禮節的行為不能動，不符合道德規矩的言行不能有。所以春秋時宋國的伯姬在遇到火災時也不擅自離開房間，明知有危險，但保母未來就不走，即使燒成灰也不違反禮義。《春秋》這本書裡記載了這件事，認為這是值得讚揚的行為。

婦人四教　缺一不可

　　婦人四教①，以備爲成②。婦德闕則仁義廢矣，婦言
虧則辭令慢矣，婦容惰則邪僻生矣③，婦功簡則織紝荒
矣，故《禮》有公宮宗室之教④，《詩》有牖下蘋藻之
奠⑤。然後家道諧允⑥，儀則表見於內⑦。若夫麗色妖
容，高才美辭，貌足傾城，言以亂國，此乃蘭形棘心
⑧，玉曜瓦質⑨，在邦必危，在家必亡。

——〔三國·魏〕程曉《戒女》

題　解

　　本篇選自南宋劉清之《戒子通錄》卷八。作者程曉（約
221-260），字季明，東郡東阿（今屬小東）人，三國魏時任
黃門侍郎，後為汝南太守。《三國志·魏志》本傳記載程曉
所著文章，大都亡佚，嚴可均《全三國文》輯其文僅三篇。
此篇從《藝文類聚》中輯出，文字略有出入。文中強調「四
德」是婦女必須遵守的道德規範，並且缺一不可，代表了當
時人的女教觀點。

注　釋

①四教：指婦德、婦言、婦容，婦功。又稱為「四德」、「四行」。
②以備為成：意謂婦女四德完備始能成為品德完善的人。
③紝（ㄖㄣ）：紡織。
④《禮記·昏義》：「是以古者婦人先嫁三月祖廟未毀，教於公宮，祖

廟既毀，教於宗室，教以婦德、婦言、婦容、婦功，教成祭之，牲用魚，芼之以蘋藻，所以成婦順也」，詳細注釋見本書所選《禮記‧昏義》。

⑤《詩經‧召南‧采蘋》一章云：「于以采蘋？南澗之濱。于以采藻？于彼行潦」，三章云：「于以奠之？宗室牖下。」毛《傳》：「大夫妻能循法度也。」牖下：窗下。蘋藻：水中生長之物，屬陰類。故女子出嫁前的祭祀用蘋藻製羹，而不用稻黍粱，有特殊含義。奠：祭祀。

⑥諧允：和諧得當。

⑦儀則：法度、法則。見：同「現」。

⑧蘭形：蘭花氣清淡，常以喻婦女幽靜高雅的品格，此指徒有高雅外表。棘心：棘木的心，《詩經‧邶風‧凱風》：「棘心夭夭，母氏劬勞。」此喻心術不正。

⑨曜：明亮、光輝。

翻 譯

　　婦女要完全具備婦德、婦言、婦容、婦功，才稱得上是品德完善的人。如在婦德上欠缺就會導致仁義道德觀荒廢，如在婦言上不注意就會說話不得體，言談舉止傲慢無禮；如在婦容上隨便，就會穿著打扮不端莊產生不良後果；如在婦功上偷懶，就會使紡織縫紉等活計荒疏。所以《禮記》中提出「四德」用以教育婦女，《詩經》中也有《采蘋》篇，教婦女遵循法度。如能做到「四德」，就會家庭興旺和諧，諸事處置得當，各種規矩法則都表現在其中了。如果僅僅外表漂亮，打扮得妖裡妖氣，哪怕有出眾的才華，美麗的言辭，容貌足以傾國傾城，但出語舉止放肆不當。這叫做徒有蘭花那

樣高雅的外表，內心卻像棘木一樣歪曲不正；外表雖閃耀寶
玉的光輝，實質上卻是瓦塊。這樣的女子在朝廷必將亡國，
在家中必將敗家。

少成若天性　習慣如自然

　　古者，聖王有胎教之法：懷子三月，出居別宮，目不邪視，耳不妄聽，音聲滋味，以禮節之①。書之玉版，藏諸金匱②。生子咳䫌③。師保固明④，孝仁禮義，易習之矣。凡庶縱不能爾，當及嬰稚，識人顏色，知人喜怒，便加教誨，使為則為，使止則止，比及數歲⑤，可省笞罰，父母威嚴而有慈，則子女畏慎而生孝矣。吾見世間，無教而有愛，每不能然。飲食運為⑥，恣其所欲，宜誡翻獎，應訶反笑⑦，至有識知，謂法當爾。驕慢已習，方複製之，捶撻至死而無威，忿怒日隆而增怨，逮於成長，終為敗德。孔子云：「少成若天性，習慣如自然。」⑧是也，俗諺曰：「教婦初來，教兒嬰孩。」誠哉斯語！

——〔北齊〕顏之推《顏氏家訓·教子》節選

題 解

　　本篇選自《顏氏家訓》卷一。作者顏之推（531-約590後），南北朝時期著名作家。字介，琅邪臨沂（今屬山東）人。其祖見遠、父協，世善《周官》、《左氏》學。之推早傳家業，博覽群書，先為南朝梁湘東王蕭繹文士，任散騎侍郎。西魏破梁，逃奔北齊，官至黃門侍郎，平原太守。齊亡入周，任御史上士。隋開皇中，太子召為學士，深見禮重，尋發疾卒，《北齊書》卷四五、《北史》卷八三皆有傳。所

著《顏氏家訓》二十篇，述立身治家之法，辨正時俗之謬，以儒家傳統倫理道德訓誡子女，兼論字畫音訓，考正典故，品第文藝，是中國漫長的封建社會裡一部影響非常深遠的作品。正如王鉞在《讀書叢殘》中所說：「北齊黃門顏之推《家訓》二十篇，篇篇藥石，言言龜鑒。凡為人子弟者，可家置一冊，奉為明訓。」本篇從原列第二的〈教子篇〉中選錄，論述婦女教子當從懷胎之日起，兒女幼時便應嚴加教誨，讓其養成良好的習慣，否則長大成人後，再施以嚴厲的管教，已經來不及了。其所指斥的那種「無教而有愛」的世俗做法，即使在今天，對子女的健康成長也是有害無益的。

注　釋

①漢賈誼《新書·胎教》：「周妃后妊成王於身，立而不跛，坐而不差，笑而不諠，獨處不倨，雖怒不罵，胎教之謂也。」漢劉向《列女傳》：「太任有妊，目不視惡色，耳不聽淫聲，口不出傲言。」

②《大戴禮·保傅篇》：「胎教之道，書之玉板，藏之金匱，置之宗廟，以為後世戒」，玉版：刊刻文字的白石。金匱：以金製成的藏書櫃。

③咳碨：同「孩提」，指二三歲時尚抱在懷中的小孩。

④師保：指宮廷聘請的撫養和教育小孩的人。

⑤比次：等到。

⑥運為：行為，所為。

⑦訶（ㄏㄜ）：怒斥，大聲喝叱。

⑧孔子語，先見《漢書·賈誼傳》稱引。

古代賢明的君主有胎教之法：懷孕三個月，婦女就要去別的宮室居住，眼睛不看不好的東西，耳朵不聽雜亂的聲音，不論音樂或者食物都根據禮教的規定來節制選擇。胎教的方法還要刻在白石板上，藏在金書櫃裡。在孩子還在襁褓中時，就要給他安排好撫養教育他的人，要教他孝道仁愛禮義，引導他逐漸熟悉這些禮教內容。一般的人家即使不能像宮廷那樣，但也可以當孩子還在幼小初明事理階段，剛剛懂得別人的喜怒時，便加以教誨，讓他該做的才做，不該做的就不做，這樣堅持幾年，可省去很多打罵。父母既威嚴又慈愛，那麼子女就會畏懼謹慎而生孝道之心。我看社會上有那種不重教育，只是溺愛子女的家長，往往不能教育好子女。子女們包括吃喝在內的所作所為，都是放任自由，想怎樣做就怎樣做。本該加以訓誡的行為，反而給他們獎勵，本該加以嚴厲喝斥的事情，反而笑呵呵地贊同。等子女們長到有識見能力的時候，還以為這些錯誤的言行是符合禮教的，道德行為規範本來就是這樣。他們驕傲怠慢的不良習慣已經養成時，再要來治服教育，那麼哪怕把他打死也不能建立父母的威信，父母越是忿怒生氣，子女的怨氣也越大。等到他們長大成人，終於成了敗壞門風道德的不孝之子，孔子說：「少小時養成的品德就和天生的一樣，習慣了的言行就同自然生成的一樣。」確實是這個道理。俗話說：「教媳婦要在她剛嫁過來時，教子女要在他還是嬰幼兒時」，這些話說得多麼好啊！

主持家務　輔佐君子

　　婦主中饋①，惟事酒衣服之禮耳，國不可使預政，家不可使干蠱②。如有聰明才智，識達古今，正當輔佐君子，助其不足，必無牝雞晨鳴③，以致禍也。

　　江東婦女④，略無交遊，其婚姻之家，或十數年間，未相識者，惟以信命贈遺⑤，致殷勤焉。鄴下風俗⑥，專以婦持門戶。爭訟曲直，造請逢迎，車乘填街衢，綺羅盈府寺，代子求官，爲夫訴屈⑦，此乃恒、代之遺風乎⑧？

　　婚姻素對⑨，靖侯成規⑩，近世嫁娶。遂有賣女納財，賣婦輸絹，比量父祖，計較錙銖⑪，責多還少⑫，市井無異。或猥婿在門，或傲婦擅室，貪榮求利，反招羞恥，可不慎歟！

　　吾家巫覡禱請⑬，絕於言議，符書章醮亦無祈焉⑭，並汝曹所見也⑮。勿爲妖妄之費。

——〔北齊〕顏之推《顏氏家訓・治家》節選

題　解

　　本篇選自《顏氏家訓》卷一，從原列第五的〈治家篇〉中選錄。作者介紹見上篇。顏代家族恪守傳統的儒家道德規範，認爲婦女即使「有聰明才智，識達古今」，也只能在家從事家務勞動，「輔佐君子」，而不能干預家國大事，這一偏見對後世的女訓著作產生了很大影響。文中記錄當時北方婦女

踴躍參加社會活動的情況，可看出在宋明理學未興之前，對
婦女的桎梏相對較鬆，婦女參加社會活動，初與男子並無二
致。文中對婚姻斂財和迷信鬼神的風氣的抨擊至今仍有積極
意義。

注　釋

①中饋：酒食，指婦女在家主持飲食之事。

②干蠱（ㄍㄨˇ）：指代替父親主持家事。語出《易經·蠱卦》：「干父之
　蠱。」

③牝（ㄆㄧㄣˋ）雞：母雞。《尚書·牧誓》：「牝雞無晨。牝雞之晨，惟家
　之索。」

④江東：指當時南朝。

⑤信：使者。命：書問。

⑥鄴：指北齊都城鄴縣，今河北臨漳。

⑦葛洪《抱朴子·疾謬》雲：「而今俗婦女休其蠶織之業，廢其玄紞之
　務，不績其麻，市也婆娑。舍中饋之事，修周旋之好，更相從詣，之
　適親戚，承星舉火，不已於行。多將侍從，煒曄盈路，婢使吏卒，錯
　雜如市，尋道褻謔，可憎可惡。或宿於他門，或冒夜而反，遊戲佛
　寺，觀視漁畋，登高臨水，出境慶弔，開車褰幃，周章城邑，杯觴路
　酌，弦歌行奏，轉相高尚，習非成俗。」葛洪所述吳末晉初風俗，可
　與此文互證，足見當時婦女參與社會交際活動的風尚。

⑧恒、代之遺風：指北魏之舊俗，北魏拓跋氏建都於平城縣，即今山西
　大同東北。平城縣屬代郡，郡屬恒州，孝文帝遷都洛陽後，平城即為
　代郡、恒州治所，故以恒、代為北魏之借稱。

⑨素對：指為子女擇婚，選擇清素之家的配偶。

⑩靖侯：指顏之推九世祖顏含，含字宏都，《晉書·孝友傳》有傳，載

有「桓溫求婚於舍，舍以其盛滿不許」事。又《顏晉公集》中有《晉侍中右光祿大夫本州大中正西平靖侯顏公大宗碑銘》云：「桓溫求婚，以其盛滿不許，因誡子孫云：自今宦不可過二午千石，婚姻勿貪世家。」《顏氏家訓·止足》云：「先祖靖侯戒子侄曰：汝家書生門戶，世無富貴，自今仕宦不可過二千石，婚姻勿貪世家。」

⑪錙銖：古重量單位，喻輕微、細小。

⑫責：同「債」。

⑬巫覡（ㄒㄧ）：為人禱祝鬼神的男女巫的合稱。巫：女巫；覡：男巫。

⑭符書：亦作「符籙」，道士的秘密文書，道士用以召神驅鬼，治病延年。章醮（ㄐㄧㄠ）：道士設壇祈禱的儀式。

⑮汝曹：汝輩，你們。

翻 譯

　　婦女在家主持飲食之類的家務事，只能遵守酒食衣服等方面的禮節，在國家大事上不可參預朝政，在家務問題上不可決斷大事。如果確有聰明才智，對古往今來的歷史和現實都有清楚的認識，正應當輔佐君子，助其一臂之力，彌補他的不足，一定不要像母雞報曉那樣，代替男人掌握權力，那樣必然招致災禍。

　　南朝的婦女是沒有一點社會交際活動的，即使是結為親家的兩家人，都有數十年間不曾相識的，只是派使者或書信互相來往，表示自己的問候之情。而北方這邊的風俗就不同了，北齊都城鄴的風俗是，專門讓婦女主持家政，無論是打官司爭是非，還是親朋好友之間請客聚會，迎來送往，婦女們乘著車子滿街走動，官府寺廟到處都可見穿裙子的婦女身影，她們或是代子求官，或是為夫伸冤，這大概是北魏遺留

下來的風俗習慣吧？

結婚要找清白人家的，這是我家九世祖顏含時就立下的規矩，家族中近世有人在嫁女時，貪圖對方錢財，如同賣女無異。或娶媳婦時大講排場，以至於要賣絹綢來應付，如同是買媳婦。這些人動輒就與祖輩相比，在錢財上特別計較，往往是借別人的多，還別人的少，簡直和一般市民沒什麼差別，貪圖錢財的後果是找了個猥瑣不堪的女婿，或者是娶進個傲慢專權的媳婦。想貪求榮華富貴，反而招致羞恥，實在要慎重啊！

在我家裡，對請巫師裝神弄鬼之類的事，提都不要提起；請道士寫符書、設壇祈禱等等，也是來沒有過的。這些你們都是看見了的，千萬不要為鬼怪神靈類荒誕不經之事花費錢財。

夫人之孝在於不失其儀

居尊能約①，守位無私②，審其勤勞③，明其視聽。詩書之府④，可以習之。禮樂之道⑤，可以行之，故無賢而名昌，是謂積殃。德小而位大，是謂嬰害⑥，豈不誠歟？靜專動直⑦，不失其儀，然後能和其子孫，保其宗廟，蓋夫人之孝也。《易經》曰：「閑邪存其誠，德博而化⑧。」

——〔唐〕鄭氏《女孝經·夫人章》

題 解

本篇選自《津逮秘書》第四集，原列《女孝經》第十三。作者鄭氏（生卒年不詳）為唐朝散郎陳邈之妻。《全唐文》卷九四五有鄭氏《進女孝經表》一文，言及此書是因其侄女被冊為永王妃，因擔心婦德有虧，遂作《女孝經》以規戒之。全書體例，模仿《孝經》分十八章，假託被尊為「百世女師」的班昭立言，內容多強調男尊女卑的教義。本篇要求官宦人家的主婦居高位而約束自己，以自身的修養來保其家族的興旺。

注 釋

①約：約束、檢束。

②守：掌管，主持。《易經·繫辭下》：「聖人之大寶曰位，何以守位？曰仁。」

⑶審：周密，詳細。

⑷詩書：指《詩經》和《尚書》。

⑸禮：《儀禮》。《樂經》（今佚）、《詩》、《書》、《禮》、《樂》、《易經》、《春秋》合稱為六經，此泛指儒家經典著作。《儀禮·王制》「春秋教以《禮》《樂》，冬夏教以《詩》《書》。」

⑹嬰：加。《漢書·賈誼傳》：「嬰以謙恥，故人矜節行。」嬰害：得到害處。

⑺靜專：靜止時精神貫注專一。動直：行動時行為正直磊落。《易經·艮卦》：「時止則止，時行則行，動靜不失其時，其道光明。」

⑻《易經·乾卦·文言》孔疏：「閑邪存其誠者，言防閑邪惡當自存其誠實也。善世而不伐者，謂為善於世而不自伐其功，德博而化者，言德能廣博而變化於世。」

翻譯

　　身居高位而能約束自己的言行，主持家政而能不為自己謀利益，周密地安排各種事務，明瞭所見所聞的是非對錯，收藏的《詩經》、《尚書》等儒家經典著作應該隨時溫習，《儀禮》、《樂經》等書所規定的禮節法度應該嚴格執行。如果不具備賢德卻有高名，那是積累禍殃；沒有多少德行卻居於高位，那是得到害處。哪裡能夠不加以警誡呢？靜止時精神貫注專一，行動時行為正直磊落，保持自己端莊的儀表，這樣才以使子孫和睦，家族興旺，祖宗的事業後繼有人，大概這就是夫人的孝道吧。《易經》說「要防止邪惡入侵，就應當自己保持誠實之心，這樣善德才能廣博傳播並使世人受到教化。」

母儀之道　恩愛嚴毅

　　大家曰①：夫爲人母者，明其禮也。和之以恩愛，示之以嚴毅。動而合禮，言必有經。男子六歲，教之數與方名②。七歲，男女不同席，不共食③。八歲。習之以小學④。十歲，從以師焉⑤。出必告，反必面，所遊必有常，所習必有業⑥，居不主奧⑦，坐不中席，行不中道，立不中門⑧。不登高，不臨深，不苟訾⑨，不苟笑，不有私財⑩。立必正方，耳不傾聽⑪。使男女有別，遠嫌避疑，不同巾櫛⑫。女子七歲，教之以四德⑬。其母儀之道如此。

　　　　　　　　　　──〔唐〕鄭氏《女孝經·母儀章》

題 解

　　本篇選自《津逮秘書》第四，原列《女孝經》第十七。母親是一個家庭的軸心，如果母親能知書達禮教育有方，那麼子女就能健康成長，學業有成。此篇是講述為人之母應該如何以身作則、言傳身教的。儘管屬儒家傳統封建禮教的陳規陋習，但提醒我們注意母親在家庭中的作用，還是有意義的。

注 釋

①大家（ㄍㄨ）：指東漢女史學家、文學家班昭，嫁曹世叔號為曹大家。因著《女誡》，被譽為「百世女師」。此書作者假託班昭立言，以廣

其影響。

②數：算術。古代六種科目（即六藝）之一。《周禮·地官·大司徒》：「三曰六藝：禮、樂、射、御，書、數。」方名：寫在板上的文字。《禮記·內則》：「子能食食，教以右手。……六年，教之數與方名。」

③《禮記·內則》：「七年，男女不同席不共食。」

④古代小學教授六藝，故禮、樂、射、御、書、數，統稱為小學。至了漢代，以小學作為文字訓詁之學的專稱。《大戴禮·保傅》：「及太子少長，知妃色，則入於小學。」鄭玄注：「古者太子八歲入小學，十五歲入太學也。」

⑤《禮記·內則》：「十年，出就外傅，居宿於外，學《書》《記》。」

⑥反：同「返」。《禮記·曲禮上》：「夫為人子者，出必告，反必面。所遊必有常，所習必有業。」

⑦奧：室西南隅曰奧。古時尊長居之，亦祭神之方位。

⑧《禮記·曲記上》：「為人子者，居不主奧，坐不中席，行不中道，立不中門。」

⑨苟：隨便。訾：詆毀。

⑩《禮記·曲記上》：「不登高，不臨深，不苟訾，不苟笑……不有私財。」

⑪傾聽：傾斜著身子聽。《禮記·曲記上》：「立必正方，不傾聽。」

⑫巾櫛：指洗沐用具。巾用以拭手，櫛用以梳髮。《禮記·曲禮上》：「男女不雜坐，不同椸枷，不同巾櫛。」以上言母親應該教給兒子的禮節。

⑬四德：指婦德、婦言、婦容、婦功，又稱「四行」。班昭《女誡·婦行》：「女有四行：一是婦德，二是婦言，三是婦容，四是婦功。」

翻 譯

　　曹大家說：為人之母要明白禮節規矩。用深切真摯的感情使全家和睦，以端莊剛毅的態度出現在眾人面前。一舉一動合乎禮儀，一言一行要引經據典。男孩子六歲時，要教他學算術、地理常識。七歲時，不能讓他與女孩子同桌吃飯。八歲時，要送他入小學學習。十歲時，要讓他外出拜師學習。要教他出門前告別父母，回家後面見父母。要讓父母知道交遊的人是誰，學到了哪些知識。不居在尊長的位置上，不坐在席上的中間，不在道路的中央行走，不在門的中間站立。不攀登高山，不面對深谷。不隨便詆毀別人，不隨便嘻嘻哈哈，不得存私房錢。站立時一定要端正，不傾斜著身子去聽別人說話。要使男女有別，遠遠避開嫌疑，男女不同用洗沐工具。女孩子七歲時，則要教她學習女孩子應該具備的品德、言語、容儀和女紅，為人之母應該做到的就是這些。

教以女儀　粗識古今

　　女子七歲，教以女儀。讀《孝經》《論語》，習行步容止之節，訓以幽閒聽從之儀。《禮》云：「女子十年，治絲枲織紝。觀祭祀，納酒漿①。」事人之禮，此最爲先。十五而笄②，十七而嫁，既從禮制，是謂成人。若不微涉青編，頗窺緗素③，粗識古今之成敗，測覽古女之得失，不學牆面④，甯止於男⑤？通之婦人，亦無嫌也⑥。

　　婦人之德，貴在貞靜；內外之言，不出閨閫；鄭衛之音⑦，尤非所習；遊娛之樂，無以寬懷。夫若東西，家無耆舊⑦；年少子幼。慮遠防微。家具無假於人，饋獻杜而弗納⑧。心懷廉謹，外絕交通。衣食斟量，常令備足。披尋譜諜⑨；記憶親姻。戚屬尊卑，吉凶周至。方爲內範，念勖前規⑩。

　　諺云：「成家由婦，破家由婦。」緬尋其語⑪，諒非虛談。未有娣姒相憐而兄弟不睦、娣姒相嫉而昆季雍和者也⑫。

　　　　　　　　——〔唐〕李恕《戒子拾遺》

題解

　　本篇選自《戒子通錄》卷三。作者李恕爲唐中宗時的襄陽縣令，生平行事不詳。經考證得知，兩《唐書》記載同名同姓的李恕凡五人，本文作者當爲李知本之子。李知本在

新、舊《唐書》中均有傳（參見《唐人李恕〈戒子拾遺〉輯考》，載《四川師範大學學報》增刊第十一期）。李恕認為，《崔氏女儀》戒不及男，《顏氏家訓》訓遺於女，於是著《戒子拾遺》十八篇，兼教男女。《戒子拾遺》全書早亡佚，僅保存在《戒子通錄》中有兩千餘字。《戒子通錄》的編者劉清之在摘錄時，分篇採錄，保存了原書十八篇的框架。這裡選的是第十五，十六，十七條女訓女教部分。從這些保存下來的文字中，我們可看出李恕的家教思想、特別是女訓思想有其先進性、合理性，如他不僅主張男子讀書，還主張女子讀書，要求女子從七歲起便應學習《孝經》《論語》等書，以便「粗識古今亡成，測覽古女之得失。」儘管他鼓勵婦女讀書是為了學習封建禮教，但在一般人認為女子無才便是德的封建社會裡，已屬有識見的了。

注　釋

①引語見《禮記・內則》有刪節。枲（ㄒ一）：麻的總稱。織絍（ㄖㄣˋ）：紡織。納：收藏。《詩經・豳風・七月》：「十月納禾稼。」

②笄（ㄐ一）：古代束髮用的簪子。此指束髮，表示女子成年待嫁。

③青編、縹素：均指代書籍。梁文帝《長沙宣武王北涼州廟碑》：「功書綠字，事燭青編。」《隋書・經籍志》：「盛以縹囊，書用縹素。」

④不學牆面：謂如面牆而立，目無所見，比喻不學無術。《尚書・周官》：「不學牆面，涖事惟煩。」《論語・陽貨》：「人而不為《周南》《召南》，其猶正牆面而立也歟？」

⑤寧：豈，難道。止：只，僅。

⑥嫌：疑惑。《禮記・坊記》：「夫禮，坊民所淫，章民之別，使民無嫌。」

⑦鄭衛之音，春秋戰國時鄭國、衛國的音樂。《論語‧衛靈公》中有「鄭聲淫」之語。《詩經》有《鄭風》《衛風》，漢人以為刺淫之作。後來因以「鄭衛之音」指淫蕩的樂歌或文學作品。

⑦東西：從東到西，此指丈夫外出遊學或遊宦。耆舊：故老，年老的舊好。

⑧假：借。杜：拒絕。

⑨披尋：翻查，查閱。譜諜：指家譜、族譜之類書籍。

⑩念：考慮。勖（ㄒㄩˋ）：勉勵。

⑪緬：懷想。

⑫娣姒：妯娌，兄弟之妻子互稱。昆季：兄弟。長者為昆，幼者為季。

翻　譯

　　女孩子七歲時，就要教她應該學習的禮節。教她讀《孝經》、《論語》等書，練習形貌舉動方面的招式，訓教她幽靜順從的儀態。《禮記》云：「女子十歲時，要學習棉麻紡織，觀察祭祀音樂的禮節，收藏好酒漿等物品。」女子侍奉人該做的事，這些是最重要的。十五時女子束髮，表示成人，十七歲就可以出嫁了。既已經順從了禮教的規定，就表示已經是成人。如果不稍微涉獵書本，閱讀書籍，略略知道古今成敗興亡的歷史知識，瞭解古代婦女的成就貢獻，就會導致不學無術，就像面牆而立，目無所見。所以讀書難道僅僅是男子應該做的事嗎？讀書學習對於婦人來說也是適用的，這是沒有疑問的事。婦人的品德，最可貴的在於節操堅貞，性情淑靜。無論處世的事還是家務事，都不在自己閨房以外議論。那些有傷風化的淫蕩樂歌更是不適合學習。外出遊玩娛樂，都不可過於開懷盡興。丈夫若是外出遊宦，家中

又沒有老人，自己年輕，兒子幼小，更應該考慮周到，防微杜漸。家裡的用具不要隨便借人，別人送東西來也應拒絕，不能接受。要廉潔謹慎，斷絕和外人的交往。家中的衣食住行要隨時盤算計劃，使生活必需品周備充足。閒暇時翻查家譜，將親戚家人記清楚，對親屬們無論地位尊卑，無論紅白喜事，都要禮數周到。這正是婦女的規範，也是前賢家訓著作中對女子的要求。

　　諺語說：「婦女可以成家，也可以破家。」想想這樣的話，實在不是空言虛談。沒有哪家妯娌相親而兄弟不和睦，也沒有哪家妯娌相嫉而兄弟卻關係密切的。

女子須學女紅
不愁衣破家窮

　　凡爲女子，須學女工。紉麻輯苧①，粗細不同。車機紡織，切勿匆匆。看蠶煮繭，曉夜相從。采桑摘柘②，看雨占風。滓濕即替③，寒冷須烘。取葉飼食，必得其中。取絲經緯④，丈匹成工。輕紗下軸，細布入筒⑤。綢絹苧葛⑥，織造重重。亦可貨賣，亦可自縫。刺鞋作襪，引線繡絨。縫聯補綴，百事皆通。能依此語，寒冷從容。衣不愁破，家不愁窮。莫學懶婦，積小癡慵⑦。不貪女務⑧，不計春冬。針線粗率，爲人所攻。嫁爲人婦，恥辱門風。衣裳破損，牽西遮東。遭人指點，恥笑鄉中。奉勸女子。聽取言終。

　　　　　　——〔唐〕宋若昭《女論語·學作章》

題 解

　　本篇選自《四部備要》本《教女遺規》。作者宋若昭（？-825），中唐時女詩人。貝州清陽（今河北清河）人。與姊若莘、妹若倫、若憲、若荀皆有文名。德宗貞元四年（788），俱召入宮中，呼爲學士。歷憲、穆、敬三朝，拜尚宮，六宮嬪媛諸王公主等皆師事之，呼爲先生。封梁國夫人。事見《舊唐書》卷五二、《新唐書》卷七七。

　　《女論語》相傳先是由宋若莘仿《論語》而作，後由若昭

修訂完成。今本共二十章，本篇原列第二。全文為四言韻語，語言質樸，文筆生動，全面闡述了封建時代女子立身處世的原則和應具備的才能。本篇講述農家女子養蠶紡織的要領和重要性，並對懶隋不善女紅的女子作了批評，實可作為一篇農事詩來讀。

注釋

①紉麻輯苧：將麻和苧的搓撚成線。苧（ㄓㄨ）：植物名，麻屬，纖維細長，韌性強，可作衣裳材料。

②柘（ㄓㄜ）：桑科植物，葉可飼蠶。

③滓濕即替：指養蠶的簸箕底部蠶沙若濕潤，即須更換。

④經緯：織物的縱線和橫線。從蠶繭中抽出絲，然後縱橫交錯，即可織成綢子。

⑤下軸，入筒：皆指綢布織成之後的工序。

⑥葛：用絲線作經，棉線作緯織成的布。

⑦積；聚，積蓄。癡慵：又笨又懶。

⑧女務：女子做女紅的本務。

翻譯

　　凡作為女子，都必須學習女子應該做的事務。要把麻苧的纖維搓撚成粗細不同的線。要慢慢學習使用紡車的方法和技能。養蠶煮繭，不分白天黑夜。採摘桑葉，無論颱風下雨。簸箕裡蠶沙濕了，就得立即更換。蠶房裡濕度下降，就得生火烘烤。拿桑葉餵養蠶子，份量一定得適中。從蠶繭中抽出絲線，縱橫交錯，就能織成一匹匹綢子。把織好的薄紗細布從機軸上卸下來，裝進竹筒。無論綢絹細布，還是麻布

粗葛，都織了一匹又一匹。這些布匹既可拿到市場出賣，又可自己縫製衣物。可以做鞋襪，可以繡花絨。縫衣物打補丁，樣樣針線活都精通。如果照我的這些話去做，天氣寒冷時就能不挨凍，不擔心衣裳破爛，不擔心家中困窮。千萬不要像又笨又懶的婦人那樣，天天積累一些小事也不願動手做，不願意盡女子的本份，也不管春冬季節的變化。針線活馬馬虎虎對付，給別人留下話柄。嫁出去為人妻，有辱門風。穿著破爛的實在不像話，也就會遭到別人的譏笑挖苦。我在這裡奉勸各位女子，聽我的勸告一定會有好處。

營家之女　唯儉唯勤

　　營家之女，唯儉唯勤。勤則家起①，懶則家傾。儉則家富，奢則家貧。凡為女子，不可因循②。一生之計，唯在於勤。一年之計，唯在於春。一日之計，唯在於寅③。奉箕擁帚，灑掃灰塵。撮除邋遢④，潔淨幽清。眼前爽利，家宅光明。莫教汙穢，有玷門庭。耕田下種，莫怨辛勤。炊羹造飯，饋送頻頻。莫教遲慢，有誤工程。積糠聚屑，餵養孳牲⑤。呼歸放去，檢點搜尋。莫教失落，擾亂四鄰。夫有錢米，收拾經營。夫有酒物，存積留停。迎賓待客，不可偷侵。大富由命，小富由勤。禾麻菽麥，成棧成囷⑥。油鹽椒鼓，盎甕裝盛。豬雞鵝鴨，成隊成群。四時八節，免得營營⑦。酒漿食饌，各有餘盈。夫婦享福，歡笑欣欣。

　　　　　　　　　　──〔唐〕宋若昭《女論語‧營家章》

題　解

　　本篇選自《四部備要》本《教女遺規》。作者宋若昭介紹見上篇。本篇原列第九，著重講述農家婦女應當勤儉持家的道理，包括打理家庭衛生，為田間辛勤耕作的丈夫兒子送水送飯，餵養牲畜家禽，儲存油鹽柴米等各個細節，讀來親切有味。

注釋

①家起：家庭人財兩旺

②因循：得過且過。

③寅：十二時辰之第三，指天亮前三時至五時。

④邋遢：骯髒的垃圾。

⑤孳牲：牲畜。孳（ㄗ）：繁殖，滋生。

⑥棧：圍席。囷（ㄐㄩㄣ）：倉。棧和囷皆用以存放穀物。

⑦營營：往來盤旋貌。《詩·小雅·青蠅》；「營營青蠅，止於樊。」
毛傳：「營營，往來貌。」此形容臨時倉促籌辦的樣子。

翻譯

善於管理家務的女子，最重視節儉和勤勞。勤勞則家庭
興旺，懶惰則家運傾頹。節儉則家庭富裕，奢侈則家計貧
困。凡作為女子，萬不可得過且過，一生的關鍵就在於勤，
一年的關鍵在於春，一日的關鍵就在於晨。拿著簸箕掃帚，
做清潔掃灰塵。把垃圾掃除乾淨，保持環境潔淨清幽。讓眼
前乾乾淨淨，庭院清清爽爽，不要讓污水穢物玷污了周圍環
境。到田間耕種不要抱怨辛勤勞累，要燒水做飯，不停給兒
子送到地頭。千萬不要因為自己動作遲緩而耽誤了農活。糠
末米屑也不要浪費，聚積起來可餵養牲畜。家養的牲畜早放
晚歸，要一一清點好，不要讓它失落，到處去打擾鄰居。丈
夫掙到錢買了米，要善於收拾經營，丈夫要喝的酒以及其他
物品，也要儲存妥當，迎賓待客時拿出來使用，自己不可獨
自享受。大富是命中注定，小富則靠勤儉持家。只要勤勞節
儉，穀米麥麵各種糧食就會堆滿倉庫，油鹽柴米各種日用品

就會裝滿器皿，豬雞鵝鴨各種牲畜就會成群結隊。這樣逢年過節的時候，就不會到處借支籌借。無論吃的喝的都豐盛有餘，夫婦倆享天倫之樂，全家人歡樂無比。

生長富貴　當念惜福

　　魏國長公主嘗衣貼繡鋪翠襦入宮中①，太祖曰：「汝當以此與我。自今勿複為此飾。」公主笑曰：「此所用翠羽幾何？」太祖曰：「不然！主家服此，宮闈戚裡皆相效，京城翠羽價高。小民愛利，傷生寖廣②，實汝之由。汝生長富貴，當念惜福，豈可造此惡業之端③！」

　　　　　　　　——〔宋〕趙匡胤（宋太祖）《戒公主》

題解

　　本篇選自南宋劉清之《戒子通錄》卷八。作者趙匡胤（927-976）即宋太祖，宋王朝的建立者，西元960年至976年在位。《宋史‧太祖紀》記載云：「魏國長公主襦飾翠羽，戒勿復用」，又教之曰：「汝生長富貴，當念惜福。」作為開國之君，具有環境保護意識，能以儉樸勿奢教育子女，實屬難能可貴。

注釋

⑴魏國長公主：宋太祖之女。據《宋史‧公主傳》，宋太祖有六女，有三女早亡，餘三女中魏國長公主居長。下嫁左衛將寬王承衍為妻，大中祥符元年（1008）卒，衣：用如動詞，穿著。襦（ㄖㄨˊ）：短襖。

⑵寖（ㄐㄧㄣˋ）：逐漸。

⑶造：起始，發端。

翻　譯

　　宋太祖趙匡胤的女兒魏國長公主，曾經穿著鑲貼繡花圖案並裝飾有翠色的鳥羽的短襖，進入宮殿中，太祖見後說：「你應當把這件衣服交給我，並且從今以後不再用這種裝飾。」公主笑著說：「這才用幾根翠色的鳥羽呀？」太祖說：「不能這樣說！公主帶頭穿戴這種裝飾，宮裡的后妃女眷，親戚朋友，乃至於社會上一般婦女都爭相仿傚，由此引起京城翠色的鳥羽價格騰高不下。有些人為了獲得高利潤，於是瘋狂捕殺小鳥，愈來愈多地傷害生靈。這都是由於你的原因。你生長在富貴人家，應當懂得珍惜幸福，怎麼能夠成為這種傷天害理之事的起端呢？」

愛而不教　慈母敗子

　　爲人母者，不患不慈①，患於知愛而不知教也②。古人有言曰：「慈母敗子」。愛而不教，使淪於不肖③，陷於大惡④，入於刑辟⑤，歸於亂亡⑥，非他人敗之也，母敗之也。自古及今，若是者多矣，不可悉數⑦。

　　　　　　　　　　　——〔宋〕司馬光《家範·母》

簡　介

　　本篇選自《四庫全書》子部儒家類《家範》卷三。作者司馬光（1019-1086），字君實，陝州夏縣（今屬山西）人。北宋大臣，著名史學家。寶元元年（1038）進士。歷任仁宗、英宗、神宗、哲宗四朝，官至宰相，著有《司馬文正公集》，主編《資治通鑒》等。《宋史》卷三三六有傳。

　　司馬光《家範》十卷，是我國家訓類的重要著作，《四庫全書·家範提要》稱其「自《治家》至《乳母》凡十九篇，皆集采傳事可為法則者，亦間有光所論說。與朱子《小學》義例差異而用意略同。其節目備具，切於實用，實足為儒者治行之要。」作者在此篇中告誡父母，教育子女不能一味溺愛，而要懂得教化，一味寵愛子女只會害其成長，適得其反。

注　釋

①患：憂慮，擔心。《論語·季氏》：「不患寡而患不均。」慈：愛。

《左傳・文公十八年》：「宣慈惠和。」多指父母愛撫子女。《國語・吳語》：「老其老，慈其幼，長其孤。」

②教：教導，教育。司馬遷《報任安書》：「教以慎於接物，推賢進士為務。」

③不肖：不才，不正派。《商君書・畫策》：「不明主在上，所舉必不肖。」

④大惡：惡，罪惡，與「善」相對，大惡猶言罪惡之深。《易經・大有》：「君子有遏惡揚善，順天休命。」

⑤刑辟：刑法，處罰。

⑥亂亡：混亂逃亡。

⑦悉數：一一盡述，全部。《禮記・儒行》：「遽數之，不能終其和；悉數之，乃留。」

翻　譯

為人母親，不怕不慈愛，就怕知道慈愛卻不知道教育，古人有句話叫：「慈母敗子」。疼愛而不教育孩子，他們就可能成為無禮節不正派的人，為非作歹，遭受法律刑罰，最終只能過顛沛流離的生活。這樣的惡果，不是別人造成的，正是母親造成的。從古到今，像這樣的情況太多了，不能一一盡數。

賢女好學　左圖右史

　　凡人不學則不知禮義，不知禮義則善惡是非之所在皆莫之識也，於是乎有身爲暴亂而不自知其非也①。禍辱將及而不知其危也，然則爲人皆不可以不學，豈男女之有異哉？是故女子在家不可以不讀《孝經》②《論語》③及《詩》④《禮》⑤，略通大義⑥。其女紅則不過桑麻、織績、製衣裳，爲酒食而已。至於刺繡華巧、管弦歌詩⑦。皆非女子之宜習也。古之賢女無不好學。左圖右史⑧，以自儆戒。

　　　　　　　　　　──〔宋〕司馬光《家範‧女》

簡　介

　　本篇選自《四庫全書》子部儒家類《家範》卷六。司馬光認爲，不論男女都應該知書達禮。他特別強調了女子學習禮義的重要性，除了做女紅之外，還應當多讀書，時時自我警戒，以免過錯。

注　釋

⑴非：不對、過失。《尚書‧說命》：「無啟寵納侮，無恥過作非。」

⑵《孝經》：宣揚封建孝道和以孝治國的儒家經典。

⑶《詩》：書名，此指《詩經》。

⑷《論語》：爲孔子弟子及其後學關於孔子言行思想的記錄。

⑸《禮》：書名，即《禮記》，儒家經典。

⑥大義：重要意義、主要論旨。《後漢書‧光武紀上》：「受《尚書》，略通大義。」

⑦管弦：管樂和絃樂，此泛指音樂。

⑧左圖右史：言積書甚多。《新唐書》卷一四二《楊綰傳》：「性沈、靖，獨處一室，左圖右史，凝塵滿席，澹如也。」

翻　譯

　　所有的人不學習就不懂得禮義。不懂得禮義就會連善惡是非是什麼都不知道。這樣的人親身做了暴亂之事卻不知道自己的過失，禍辱將臨卻不知道危險。所以說，但凡為人都不可以不學習。這一點哪裡有男女之間的不同呢？因此女子在家不可以不讀《孝經》、《論語》以及《詩經》、《禮記》，簡要地知曉要旨。從事女紅不過是桑麻紡織，製作衣裳，準備酒食罷了，至於刺繡華美精巧、音樂演唱之類，都不是女子份內之事。古時的賢淑女子沒有不好讀書的，她們經常瀏覽圖籍史書，用前賢的經驗教訓來告誡自己。

為人妻者　柔順為德

　　為人妻者，其德有六。一曰柔順；二曰清潔；三曰不妒①；四曰儉約；五曰恭謹，六曰勤勞。夫，天也，妻，地也；夫，日也，妻，月也；夫，陽也，妻陰也。天尊而處上，地卑而處下。日無盈虧②，月有圓缺。陽唱而生物③，陰和而成物④。故婦人專以柔順為德，不以強辯為美也。

　　　　　　　　　　——〔宋〕司馬光《家範·妻》

簡　介

　　本篇選自《四庫全書》子部儒家類《家範》卷八。作者介紹當前文中列舉了為人妻子的六種美德，著重強調了婦女以柔為美的性格特徵，體現出儒家正統的女教觀點。

注　釋

①不妒：不因為別人好而忌恨。
②盈虧：圓缺。
③唱：領唱。《莊子·德充符》：「和而不唱。」
④和：聲音相應，特指跟著唱，幫腔。《詩經·鄭風·籜兮》：「倡予和女。」

翻　譯

　　為人妻子，有六種美德：第一種稱作柔順；第二種稱作

清潔;第三種稱作不嫉妒;第四種稱作儉約;第五種稱作恭謹;第六種稱作勤勞。丈夫,是天;妻子,是地。丈夫,是太陽;妻子,是月亮。丈夫,是陽;妻子,是陰。天尊貴因而位處上方,地卑微因而位處下方。太陽沒有圓缺,月亮則有圓缺。陽領唱而生長出萬物,陰應和而形成為萬物。所以婦女一定要以柔順作為美德,不要以強詞奪理為美德。

敬夫、安貧　婦人之大節

夫者，天也。天固不可逃，夫固不可離也。行違神明，天則罰之；禮義有愆，夫則薄之①。故《易經》著牝馬之象②，《詩》有《關雎》之興③。夫孝敬貞順，專一無邪者，婦人之紀綱，閨房之大節也。昔冀缺妻饁田，相敬如賓④；梁鴻婦進食，舉案齊眉⑤；書之方冊，賢者以為有禮，凡人謂之怕夫，何其謬也！

貧者安其貧，富則戒其富。貧不自安者，恥貧而廣求⑥，求既不得，怨由滋生，室家相輕，恩易情薄。富而不戒，則誇勝之心生⑦，淩慢之容既彰，和柔之色安在？棄和柔之色，作嬌小之容，是為輕薄之婦人。

藏心為情，出口為語。言語者，榮辱之樞機，親疏之大節也⑧。亦能離堅合異，結怨興仇。大者則覆國亡家，小者猶六親離間。是以賢女謹口，恐招恥謗。或在尊前，或居閑處。未嘗觸應答之語⑨，發謟諛之言；不出無稽之詞，不為調謔之事，不涉穢濁，不處嫌疑。

──〔宋〕李氏《戒女書》

題解

本篇選自南宋劉清之《戒子通錄》卷八。原題下有小注云：「余先妣長垣趙夫人諱琳，字彥章，手書目跋云：『李氏《戒女書》親授之於父兄。雖愚鄙不能如其教，然朝夕覽之，未嘗去手。建炎己酉，渡江遂亡，其本不復盡記。惜

哉！』李氏者今不知其名。」可知此篇乃劉清之得其母家
傳，並輯入所編《戒子通錄》中，因而流傳至今。李氏告誡
女兒的內容主要有三點：敬夫、安貧、寡言。雖然大旨不出
傳統女教的範圍，但由於是母親告誡女兒，所以讀來親切有
味。

注　釋

①衍：過錯，薄：輕視，鄙薄。

②《易經·坤卦》：「利牝馬之貞。」又：「牝馬地類，行地無疆，柔
　順利貞，君子攸行。」王弼《注》云：「馬，在下而行者也，而又牝
　焉，順之至也。」孔穎達《疏》云：「坤是陰道，當以柔順為貞正，
　借柔順之象，以明柔順之德也。」即以牝馬為柔的象徵。

③《詩經·周南·關雎》：「關關雎鳩，在河之洲。窈窕淑女，君子好
　逑」。毛《傳》：「關雎，后妃之德也。」孔穎達《疏》：「此篇言
　后妃性行和諧，貞專化下。」

④《左傳·僖公三十三年》：「初，臼季使，過冀，見冀缺耨，其妻饁
　之，敬，相待如賓。」饁（ㄧㄝˋ）：給耕作者送食。

⑤《後漢書·梁鴻傳》：「（鴻）居廡下，為人賃舂。每歸，妻為具
　食，不敢於鴻前仰視，舉案齊眉。」

⑥恥貧：以貧為恥。

⑦誇：奢侈。

⑧《易經·繫辭上》：「言行，君子之樞機，樞機之發，榮辱之主也。」
　樞機：樞為戶樞，機為門閫，樞主開，機主閉。比喻事物的關鍵部
　分。

⑨觸：冒犯。

翻 譯

夫就是天的意思，人一定逃不出天的遮蓋，所以對丈夫也一定不能離開。如果行為違背神明的旨意，上天就會給予懲罰；如果對丈夫在禮義上有過錯，丈夫就會鄙薄輕視你，所以《易經・坤卦》把牝馬作為柔順的象徵，《詩經・關雎》講后妃和諧貞專的性行。孝敬貞潔柔順專一，無淫邪的言行，這是婦女必須遵守的規矩，是婦女最重要的節操。從前冀缺的妻子給種田的丈夫送飯，相敬如賓；梁鴻的妻子為丈夫端水送食，舉案齊眉，這些記載在史書中，有識見的人認為這是講禮節。凡夫俗子則認為是怕丈夫，完全是錯誤的看法。

貧窮者要安於貧窮，富有者則應對富貴有警戒之心。貧窮而又不安於貧窮的人，往往以貧窮為恥，一是到處去乞求別人的施捨，乞求不到，怨憤之氣就滋生出來，導致家族宗室之間互相輕視，夫妻間的情義也消失殆盡。富貴而又不對富貴有警戒之心，往往會滋生奢侈浮華的毛病，盛氣淩人的表情顯露出來，那麼婦女溫和柔順的本色還會有嗎？丟棄溫和柔順的習性，故作嬌氣妖媚之態，這是舉止輕薄的婦人所為。

藏在心底的是感情，說出口來的是語言，語言是關係到榮辱親疏最關鍵最重要的問題。語言能夠切開堅固之物，合成不同之體，讓人結怨生仇。從大處說，語言可以使國家傾覆，家庭敗亡；從小處說，語言可以使六親不認，骨肉分離。所以賢慧的婦女都會出口謹慎，以免招惹恥辱和誹謗。無論是在尊長之前，還是自己單獨居處，千萬不能說冒犯長

輩們的話，也不要說阿諛奉承之詞，避免無稽之談，也不要
亂開玩笑，說話不要涉及髒話粗話，也不要不避嫌疑，衝口
而出。

婦人賢慧恭敬
有益於家庭和睦

　　女訓云：家之和不和，皆系婦人之賢否。何謂賢？事舅姑以孝順①，奉丈夫以恭敬，待娣姒以溫和②，接子孫以慈愛，如此之類是已。何謂不賢？淫狎妒忌，恃強淩弱，搖鼓是非，縱意徇私，如此之類是已。天道甚近，福善禍淫，爲婦人者，不可不畏。

　　諸婦必須安詳恭敬，奉舅姑以孝，事丈夫以禮，待娣姒以和，無故不出中門，夜行以燭，無燭則止③，如其淫狎，即宜屏放④。若有妒忌長舌者，姑誨之；誨之不悛⑤，則責之；責之不悛，則出之。

　　諸婦服飾，毋事華靡，但務雅潔，違者罰之。更不許其飲酒，年過五十者不拘。

　　諸婦育子，苟無大故，必親乳之，不可置乳母以饑人之子⑥。

　　世人生女，往往多致淹沒。縱曰女子難嫁，荆釵布裙⑦，有何不可？諸婦違者議罰。

——〔元〕鄭太和《鄭氏規範》節選

題解

　　本篇選自《叢書集成初編》本《鄭氏規範》。作者鄭太和（生卒年不詳），一名文融，字順卿，元朝婺州浦江（今屬浙

江）人，曾任建康龍灣務提領大使。至鄭太和時，其家已十
世同居，共二百四十餘年。太和繼從兄文嗣主持家事，益嚴
而有恩，家庭中凜如公府，禮儀嚴整，刑賞分明。時人嗟
慕，謂之有三代遺風，世稱「義門鄭氏」、「東浙第一家」。
所著《鄭氏規範》，是其為子孫後代制定的維護封建禮儀道德
規範清規戒律，其中不乏積極可取之義。此選數條，主要是
針對婦女的訓教之詞。

注 釋

①舅姑：指公公婆婆
②娣姒：指妯娌。
③《禮記・內則》：「女子出門，必擁蔽其面，夜行以燭，無燭則
　止。」
④屏放：放棄，排除。此指休棄。
⑤悛（ㄑㄩㄢ）：悔改，停止。
⑥餒人之子：使別人的孩子饑餓。
⑥荊釵布裙：以荊枝當釵，用粗布製衣裙，為貧家婦女的裝束。

翻 譯

　　對婦女們的訓詞是：家庭是否和睦，在於婦人是否賢
慧。什麼是賢慧？以孝順之心侍奉公婆，以恭敬的態度服侍
丈夫，對待妯娌要溫和，對待子孫要慈愛。如此之類就是賢
慧，什麼是不賢慧？為人處世放蕩淫邪，有嫉妒之心，仗勢
欺凌弱者，搖頭鼓舌搬弄是非，放縱自己自私自利，如此之
類就是不賢慧。上天有眼，對每個人都是公平的，對做善事
的人就賜福，對淫邪之人就加禍於身，作為婦人，不能不擔

心上天的懲罰。

家中各婦女必須態度安靜詳和恭敬有禮。以孝心伺奉公婆，依禮節服侍丈夫，用溫和態度對待妯娌，沒有特殊原因一般不出中門，晚上行走要點蠟燭照明，沒有蠟燭就不要走動。如發現有淫邪不正當的行為，馬上就應休棄。如有嫉妒之心，搬弄是非等行為，姑且教育之；若教育後不悔改，就責罵之；若責罵後仍不悔改，那就驅逐出家門。

家中各婦女的衣著裝飾，不要過於華麗奢侈，只須求脫俗整潔。有違反者要受懲罰。更不許婦女喝酒，不過年滿五十以上可不受拘束。

家中各婦女生養孩子，若無特殊原因，必須自己親自餵奶，不能請乳母代勞，致使別人家的孩子沒有母親的奶吃。

社會上一般人生了女孩，往往就將其淹死。就算是女子長大後難以找到合適人家出嫁，那新嫁給貧窮人家，置辦簡單的嫁妝，又有什麼不可以的呢？家中各婦女違反這一點要受懲罰。

貞靜端莊　女子之德性

　　貞靜幽閒端莊誠一，女子之德性也。孝敬仁明慈和柔順，德性備矣。夫德性原於所稟，而化成于習①。匪由外至，實本於身。古之貞女，理性情，治心術，崇道德②，故能配君子，以成其教。是故仁以居之③，義以行之，智以燭之④，信以守之，禮以體之⑤。匪禮勿履，匪義勿由⑥。動必由道，言必由信。匪信而言，則屬階成焉⑦；匪禮而動，則邪僻形焉。閾以限言⑧，玉以節動⑨，禮以制心，道以制欲。養其德性，所以飭身⑩，可不慎歟？無損於性者，乃可以養德；無累於德者，及可以成性。積過由小，害德為大。故大廈傾頹，基址弗固也；已身不飭，德性有虧也。美璞無瑕，可為至寶；貞女純德，可配京室⑪。檢身制度⑫，足為母儀；勤儉不妒，足法閨闈⑬。若夫驕盈嫉妒，肆意適情，以病其德性，斯亦無所矣。古語云：「處身造宅，觿身建德。⑭」《詩》云：「俾爾彌爾性，純嘏爾常矣⑮。」

　　　　　　　　——〔明〕徐氏（孝仁皇后）《內訓·德性章》

題解

　　本篇選自《四庫全書·子部·儒家類》。作者徐氏（136-140），明成祖朱棣之後，中山王徐達之長女。幼貞靜好讀書，人稱為「女諸生」。其父徐達剛毅武勇，為明開國功臣，與太祖朱元璋以布衣相交，並聯為姻親。太祖洪武九年

（1376），冊徐氏為燕王妃。朱棣即帝位，冊為皇后。孝慈明理，諡曰仁孝。《明史・后妃傳》有傳。所著《內訓》二十篇，比較全面地闡述了封建社會婦女應該遵循的規範。本篇原列第一，總括封建婦女的道德標準，即貞靜、幽閒、端莊、誠一和孝敬、仁明、慈和、柔順。雖然這些標準用現代人的眼光來評判，有些已不適用，但作為當時流行的一部婦女教育教材，其觀點很有代表性，可見出當時社會對婦女的總體要求。

注　釋

①原於所稟：來源於上天所賦予人的品性資質。稟：指人的品性。化成於習：教化成功來自於人自身的習染。

②理性情：修養品性。治心術：治理思想，即治理心中不符合道德規範的念頭。崇道德：推崇高尚的品德情操。

③居：儲存，囤積。

④燭：洞悉，明察。《韓非子・孤憤》：「智術之士，必遠見而明察，不明察不能燭私。」

⑤體：實行，實踐。《荀子・修身》：「好法而行，士也；篤志而體，君子也。」以上所講仁義禮智信，是封建倫理道德「五常」的具體內容。

⑥匪：同「非」。履：實踐，執行。由：用。

⑦匪信而言：《四庫全書》本作「匪言而言」，據上下文改。厲階：禍端。《詩經・大雅・桑柔》：「誰生厲階，至今為梗。」毛《傳》：「厲，惡。」

⑧閾（ㄩ）：門坎，引申為界限或範圍。

⑨玉以節動：玉指佩玉。古人身上佩玉，行動則有聲。節：限制。

⑩飭（ㄔˋ）身：正己。飭：整頓、整治。

⑪京室：皇家的妻室。

⑫檢身：自我約束。檢：約束、限制。《孟子·梁惠王上》：「與人不求備，檢身若不及。」制：節制、控制。度：限度。

⑬閨閫（ㄎㄨㄣˇ）：婦女的居室。

⑭處：安頓、居住。黼（ㄈㄨˇ）：古代禮服上繡的黑白相間如斧形的花紋。黼身：使自身光美。

⑮引詩見《詩經·大雅·卷阿》。俾：使。爾：你，你們。彌：久長。引申為鞏固，發揚。性：此指善性。純嘏：大福。常：永遠。

翻 譯

　　貞靜、幽閒、端莊、誠一，這就是女子的品德性情。若做到了孝敬、仁明、慈和，柔順，女子應具有的德性就全具備了。德性來源於上天賦予人的資質，又從自身的習染中教化成功。德性不是從外面強加的，實在是出於自身，古代的貞女，培養自己的品性，治理心中的邪惡念頭，推崇高尚的情操，所以能與君子相配，以成就其教化。因此仁德要存積，義氣要實行，智慧要明察，信譽要守護，禮節要實踐。不符合禮節不執行，不講求義氣不使用，行動必須符合道義，語言必須講求信用。做不到言而有信，那麼禍端就會出現；做不到動而合禮，那麼邪惡就會形成；說話不能超出界限，佩帶美玉行動時叮噹作響，用它可以限制行動過激。禮節可以限制非分的思想，道德可限制過度的欲望。修養自身的德性，就可以端正自己的行為，這些難道不應該引起重視嗎？不損壞自己的性情，就可以修養品德；修養好品德，就可以成全自己的性情。過錯是一點一滴積累起來的，凡是損

害品德的事都是大事。所以大廈倒塌，是由於地基不穩固；
自身沒有得到修養整治，那是因為品德性情有不足之處；美
玉無瑕，這才是至寶；貞女道德純粹，這才可配皇室。能夠
用法度自我約束自我控制，這才是作為母親的風度；能勤儉
持家不忌妒人，這才是婦女的楷模。如果驕奢妒忌，自己想
怎樣做就怎樣做，就會使自己的德行蒙受恥辱，那是不可效
法的。古話說。「要使自己有地方居住就得修房子，要想自
身光豔美麗就得建樹美好的德性。」《詩經·大雅·卷阿》
說：「如果你能夠鞏固發揚善性，你就能得到大福厚祿，並
且永遠享受。」

女子當勤勵　努力治絲麻

　　怠惰恣肆①，身之殃也；勤勵不息，身之德也。是故農勤於耕，士勤於學，女勤於工。農惰則五穀不穫，士惰則學問不成，女惰則機杼空乏②。古者后妃親蠶，躬以率下③；庶人之妻，皆衣其夫④。效績有帛，衍則有辟⑤。夫治絲執麻，以供衣服；冪酒漿具菹醢⑥，以供祭祀，女之職也。不勤其事，以廢其功，何以辭辟⑦，夫早作晚休，可以無憂；縷積不息，可以成匹。戒之哉，毋荒寧⑧。荒寧者，劇身之廉刃也⑨，不見其鋒，陰為其所戕矣⑩。《詩》云：「婦無公事，休其蠶織⑪。」此怠惰之愆也⑫。於乎⑬！貧賤不怠惰者易，富貴不怠惰者難。當勉其難，毋忽其易。

　　——〔明〕徐氏（孝仁皇后）《內訓·勤勵章》

題　解

　　本篇選自《四庫全書·子部·儒家類》。作者徐氏介紹見上篇。本篇原列《內訓》第五，是對女子在主持家務，養蠶紡織方面的訓詞。作者從「男耕女織」，「男主外，女主內」的傳統社會分工觀點出發，訓教女子應當早作晚休，勤勵不息，努力紡織，以滿足全家人的衣物所需，千萬不可「怠惰」。作者特意指出，處於貧賤時，能做到不怠惰是較容易的，而身在富貴之中，也能做到不怠惰，這就困難了。作者貴為皇后，當是切身的體會。

注　釋

⑴怠惰：懈怠懶惰。恣肆，放肆，放肆無忌。

⑵機杼（ㄓㄨˋ）：織布的設備。

⑶躬：親身、親自。

⑷衣：此用如動詞，指為其丈夫製衣。

⑸效績：成效，功績。制：成法，準則。衍：豐饒，富突，溢出常態之處。辟：罪。《國語·魯語》：「男女效績，衍則有辟，古之制也。」

⑹冪（ㄇˋ）：用巾覆蓋食物。菹醢（ㄐㄩ ㄏㄞˇ）：肉醬。

⑺辭：躲避，推託。

⑻荒寧：荒廢事業而自求安逸。《尚書·無逸》：「治民只懼，不敢荒寧。」

⑼劌（ㄍㄨㄟˋ）：割，刺傷。廉：稜角鋒利。《老子》：「是以聖人方而不割，廉而不劌。」

⑽戕（ㄑㄧㄤ）：殘害，殘殺。

⑾引詩見《詩經·大雅·瞻卬》。兩句意謂婦女不該過問國事，不該放棄養蠶紡織的本份

⑿慝（ㄊㄜˋ）：過差、差錯。

⒀於乎：同「嗚呼」，感歎詞。

翻　譯

　　懈怠懶惰，放肆無忌，這是將遭受禍殃的表現。勤勞勤勉，努力不止，這是將有幸福降臨的預兆。所以農民勤於耕種，士子勤於學習，女子勤於家務。農民懶惰則五穀不穫，士子懶惰則學問不成，女子懶惰則織機上無布可織。古時候

皇后妃子帶頭養蠶，以自己的行動為下人作出榜樣，一般老百姓的妻子跟著效法，皆為丈夫織布做衣裳。人生該做什麼事，該取得什以成效，都是有一定之規的，如果太富實，比正常的多溢出來，那也是錯誤的。婦女紡織絲麻，供給家人的衣服，還應該準備好酒漿肉醬等供品，以供祭祀時用，這些是婦女的本份職責。不勤勉從事自己該做的事，而是荒廢自己的本份，那能有什麼言辭可以為自己開脫呢？早起勞作，晚上休息，這樣可以無衣食之憂；每天紡織，一絲一縷累積起來，就可以綢布成匹成堆。我要告誡你們哪，千萬不要荒廢事務而自求安逸，荒逸是一把鋒利的劍，雖然看不見它的鋒刃，但是會暗暗地受它殘害。《詩經・大雅・瞻卬》有詩句說：「婦女不該過問國事，也不該放棄養蠶紡織的本份。」因為那就是鬆懈懶惰的過錯啊！處於貧賤時，容易做到不怠惰，而身在富貴中，要到不怠惰就困難了。富貴家庭的婦女應當努力克服困難，貧窮家庭的婦女也不要忽略容易做到的事。

處己不可不儉
事親不可不豐

　　戒奢者，必先于節儉也。夫澹素養性①，奢靡伐德②，人率知之③，而取捨不決焉，何也？志不能帥氣，理不足御情④，是以覆敗者多矣。《傳》曰：「儉者，聖人之寶也⑤。」又曰：「儉，德之共也；侈，惡之大也⑥。」若夫一縷之帛，出工女之勤；車粒之食，出農夫之勞。致之非易⑦，而用之不節，暴殄天物⑧，無所顧忌，上率下承，靡然一軌⑨，孰勝其敝哉⑩？夫錦繡華麗，不如布帛之溫也；奇羞美味。不若糗粢之飽也⑪。且五色壞目，五味昏智，飲清茹淡，祛疾延齡。得失損益，判然懸絕矣。古之賢妃哲后，深戒乎此，故絺綌無繹，見美于周詩⑫，大練粗疏，垂光於漢史⑬。敦廉儉之風⑭，絕侈麗之費，天下從化，是以海內殷富，閭閻足給焉⑮，蓋上以導下，內以表外，故后必敦節儉以率六宮，諸侯之夫人以及士庶人之妻，皆敦節儉以率其家，然後民無凍餒，禮義可興，風化可紀矣⑯。或有問者：「節儉有禮乎？」曰：「禮，與其奢也，寧儉⑰。」然有可約者焉，有可腆者焉⑱。是故處己不可不儉，事親不可不豐。

　　　　　　　——〔明〕徐氏（孝仁皇后）《內訓·節儉章》

題解

本篇選自《四庫全書‧子部‧儒家類》。作者徐氏介紹見前。本篇原列《內訓》第七。提倡節儉之風，反對奢侈之費，是傳統家訓類著作的題中應有之義。此篇從訓教婦女的特殊角度出發，特地舉出歷史上婦女節儉傳為美談的例子，說明厲行節儉的重要意義，尤其是提出「處己不可不儉，事親不可不豐」的觀點，充分體現了中國婦女先人後己的優良品質。

注釋

①澹素：恬淡樸素。養性：涵養性情。

②奢靡：奢侈浪費。伐德：敗壞道德。

③率：皆。

④御：駕馭，統治。

⑤《傳》：所指何書不詳。《四庫全書》本有注語云：「《傳》，謂古書。子華子曰：『夫儉，聖人之寶也，所以御世之具也。言聖人不寶金玉而寶節儉也。』」

⑥《左傳‧莊公二十四年》：「御孫諫曰：『臣聞之：儉，德之共也；侈，惡之大也。』」

⑦致之：得到它們。

⑧暴殄（ㄊㄧㄢ）天物：任意殘害天生萬物。《尚書‧武成》「今商王無道，暴殄天物，虐害烝民。」此指任意浪費。

⑨靡然一軌：浪費的風氣上下迎合如出一轍。

⑩勝（ㄕㄥ）：承受，堪。敝：敗壞。

⑪糲：糙米。粢；供祭祀的穀物。二者泛指粗糙的食物。

⑿絺(彳)：細葛布。綌（ㄒㄧ）：粗葛布。斁：厭棄，埋怨。《詩經·周南·葛覃》：「為絺為綌，服之無斁。」此詩歌頌周文王后妃親自織麻紡布穿粗布衣服，而無怨言。

⒀大練：粗帛。《後漢書·鄧皇后紀》：「常衣大練，裙不加緣。」

⒁敦：謹守，遵循。

⒂閭閻：泛指民間。

⒃紀：治理，綜理。

⒄《論語·八佾》：「禮，與其奢也，寧儉；喪，與其易也，甯戚」

⒅腴：豐厚。

翻 譯

要戒除奢侈惡習，必定要先興節儉之風。恬淡樸素能調養性情，奢侈浪費會敗壞道德，這是人人都明白的道理，但往往取捨之間不能決斷。這是為什麼呢？原來是沒有下足夠的決心來守住志向，理智不足以駕馭住情感，所以顛覆敗亡者太多。古書說：「節儉是聖人之寶。」又說：「節儉是人人應當遵守的道德，奢侈是萬惡之首。」每一縷絲，每一寸布，都出自婦女的辛勤勞動，每一粒米，一碗飯，也出自農夫的辛苦勞作，得到它們很不容易，但使用起來又不節約，任意浪費，無所顧忌，上行下效，奢侈的風氣如出一轍，誰能承受這樣的弊端呢？繡花的綢緞確實華麗，但不如棉布溫暖；各種山珍海味確實可口，但不如粗茶淡飯抵飽；花花綠綠的顏色令眼睛昏花，雜七雜八的聲音讓頭腦發昏。吃清淡的粗茶淡飯，能驅除疾病，延年益壽。節儉的好處與奢侈的壞處，界限清清楚楚，相去懸遠。古代賢明的皇后妃子都懂得這個道理，所以《詩經·周南·葛覃》歌頌周文王后妃織

紡布，穿粗布衣服而無怨言。東漢馬皇后也因常穿粗布裙而被後人樹為榜樣。大力倡導廉儉之風，杜絕奢侈浪費，天下的人都照著這樣做，就可以國家殷實富足，百姓也都豐家足食了。上層官吏要引導下面，皇室內部要給外面老百姓作出榜樣，所以皇后一定要厲行節儉，給皇宮嬪妃作榜樣，諸侯的夫人以及知識份子、普通百姓的妻子也一定要實行節儉，給家人作榜樣。這樣做之後，人民就能不挨餓受凍，禮義教化都能實行，社會風氣就好治理了。有人問：「節儉有一定的禮節規定嗎？」孔子是這樣回答的：「凡是關於禮節的事，與其奢侈，寧可節儉。」但是有可以節儉方面，也有可以豐厚的方面，那就是對待自己不可不節儉，而待奉長輩卻不可不豐厚。

女子亦應知書達禮有才有德

男子有才便是德①，斯言猶可；女子無才便是德，此語殊非。蓋不知才德之經②，與邪正之辨也。夫德以達才，才以成德，故女子之有德者固不必有才，而有才者必貴乎有德。德本而才末③，固理之宜然；若夫爲不善，非才之罪也。故經濟之才④，婦言猶可用；而邪僻之藝，男子亦非宜。《禮》曰：「奸聲亂色，不留聰明⑤；淫樂慝禮⑥，不役心志⑦。君子之教子也，獨不可以訓女乎？古者后妃夫人，以逮庶妾匹婦，莫不知詩，豈皆無德者歟？末世妒婦淫女，及乎悍妻潑媼，大悖於禮，豈盡有才者耶？曷觀齊妃有雞鳴之詩⑧，鄭女有雁弋之警⑨；緹縈上章以救父，肉刑用除⑩；徐惠諫疏以匡君，窮兵遂止⑪；宣文之授《周禮》，六官之巨典以明⑫；大家之續《漢書》，一代之鴻章以備⑬；《孝經》著于陳妻⑭，《論語》成於宋氏⑮；《女誡》作於曹昭⑯，《內訓》出於仁孝⑰；敬姜紡績而教子，言標左史之章⑱；蘇蕙織字以致夫，詩制回文之錦⑲；柳下惠之妻，能諡其夫⑳；漢伏氏之女，傳經於帝㉑。信宮閫之懿範㉒，誠女學之芳規也。由是觀之，則女子之知書識字，達禮通經，名譽著乎當時，才美揚乎後世，豈其然哉㉓？若夫淫佚之書，不入於門；邪僻之言，不聞於耳，在父兄者，能思患而預防之，則養正以毓其才㉔，師古以成其德，始爲盡善而兼美矣。

——〔明〕劉氏《女範·捷錄·才德篇》

題解

本篇選自《女四書》江左書林本。又名《王節婦女範捷
錄》。作者劉氏（生卒年不詳），明人王相之母。幼善屬文，
三十歲守寡，苦節六十年，著有《古今女鑒》和《女範捷
錄》。據《明史》卷一九二記載，有王相者，字懋卿，鄞（今
屬浙江）人，正德十六年（1521）進士，授編修。豪邁尚志
節，事親篤孝，仕僅四年而卒。疑此人即為劉氏之子。《女
範捷錄》共十一章，從母儀、孝行、貞烈、忠義、慈愛、智
慧、勤儉等各方面闡明女子應該具備的道德規範。此篇議論
女子也應同男子一樣接受教育，做到知書識字，達禮通經，
有才有德，對傳統的「女子無才便是德」的陳腐觀念進行大
膽激烈的反駁，識見高，觀念新，是女訓著作中罕見的能衝
破傳統觀念束縛的奇文。

注釋

①才：才能，才華。德：道德，品行。
②經：常道，即常行的義理，法制、原則等。
③本末：原指樹木的根的梢，此用以比喻事物的主次、先後。
④經濟：經邦濟民。
⑤聰明：耳目。
⑥淫樂慝禮：淫蕩的音樂和邪惡的規矩。慝（ㄊㄜ）：邪惡。
⑦役心志：用心，謀慮於心。《禮記·樂記》：「奸聲亂色，不留聰
　明；淫樂慝禮，不接心術。」
⑧曷：何不。齊妃有《雞鳴》之詩。《詩經·齊風·雞鳴》：「雞既鳴
　矣，朝既盈矣。匪雞則鳴，蒼蠅之聲。」舊解詩者以為是表彰賢妃惟

恐夫君視朝晚了,聽到蒼蠅之聲,竟誤以為雞鳴。

⑨雁弋之警:《詩經‧鄭風‧女曰雞鳴》:「女曰雞鳴,士曰昧旦。子興視夜,明星有爛。將翱將翔,弋鳧與雁。」此亦女子警夫之作。言天將亮時,女子催夫早起,抓住狩獵的大好時機。弋:以繩繫箭而射獵物。

⑩緹縈救父:漢太倉令淳于意有女五人而無子,有罪被捕,臨行前歎曰:「生女不如男,緩急非所益。」少女緹縈聞而輩之,便隨父入京,上書求為官婢以免父罪,漢文帝憐其孝心免其父罪,並除肉刑。事見《史記‧倉公傳》、《漢書‧刑法志》。

⑪徐惠諫帝:唐太宗末年,欲再征高麗,淑妃徐惠上疏諫帝不可窮兵伐遠國,以勞萬乘而耗中國之民力,帝遂止。事見《新唐書》。

⑫宣文授禮:前秦苻堅時,《周禮》殘缺,遂失其學。太常韋逞之母宋氏年八十餘,世習周禮,秦主封為宣文君,升堂講解周官六典,生儒從講者數百人,由是周禮之學大明於世。事見《北史》。

⑬大家(ㄍㄨ):指東漢女史學家班昭。班昭為東漢著名史學家班固之妹,嫁曹世叔,世稱曹大家。班固著《漢書》不竟而卒,班昭續而成之。事見《後漢書》。

⑭《孝經》:指《女孝經》。唐陳邈之妻鄭氏著《女孝經》十八章,本書已選錄。

⑮《論語》:指《女論語》。唐女詩人宋若昭著《女論語》二十章,本書已選錄。

⑯曹昭:即班昭,所著《女誡》七章,本書已選錄。

⑰《內訓》:明成祖仁孝文皇后徐氏著《內訓》二十篇,本書已選錄。

⑱敬姜:魯上卿公父文伯母,穆伯妻。文伯還朝,見母親績麻,怪而問之。母責曰:「人勞則思善,逸則思惡。今汝為卿而不知勞,反怪吾之勤於女職,吾懼魯之將亡而廢穆伯之祀也。」事見《左傳》。左

史：指《左傳》。

⑲蘇蕙：前秦竇滔妻。竇滔在前秦苻堅時任秦州刺史，遠徙流沙。其妻蘇蕙思念不已，把回文詩織在錦上，寄給竇滔，以表深情。事見《晉書·列女傳》。

⑳柳下惠：即春秋魯大夫展禽，又字季。因食邑柳下，謚惠，故稱柳下惠。卒後，門人請誄。其妻曰：「誄夫子之德，二三子不如妾之知夫子也。」遂作誄文。門人閱之，竟不能改一字。

㉑伏女傳經：漢文帝時《尚書》缺失，老儒伏生年九十餘，知《尚書》，但言辭難懂，手不能書。有孫女年十三，知曉祖父之語而能書。文帝便命伏生在前說《尚書》，孫女在旁記錄之。書成奉帝，大賜金帛，而《尚書》之經遂傳於世。事見《漢書》。

㉒懿範：美好的風範。多用以讚美婦女的好品德。

㉓亶（ㄉㄢˇ）：信然，誠然。《詩經·小雅·常棣》：「是究是圖，亶其然乎？」

㉔養正：修養正道。毓：通「育」。

/ **翻 譯**

　　男子有才華也就是有品性道德。這話可以這樣說；女子沒有才華就是有品性道德，這話就大有問題了。說這話的人大概是不懂得才華、道德的含義和邪惡、正當的區別吧。有道德才能具備才華，有才華才能成就道德。所以有德性的女子當然不一定都有才華，而有才華的女子必然重視道德修養。認為道德最重要，才華次之，這固然也符合一般常理；但如果做了不道德的壞事，這也不能歸罪於有才華的緣故。所以有關經國濟民方面的問題，婦女的言論也可能有用；而奸邪乖戾的才能，男子也不應該具備。《禮記·樂記》說；

「奸邪淫亂的聲音和顏色，不應該去看去聽。淫蕩的音樂和邪惡的手段，不應該去學去記。」君子用這些道理來教育兒子，獨獨不可以用來教育女兒嗎？古代那些后妃夫人，下至於普通百姓的妻妾，沒有誰不懂得《詩經》，她們那樣有才華，難道都是沒有道德的人嗎？社會戰亂衰敗時的那些妒婦淫女，以及那些兇悍潑婦，言行舉止大大違背綱常禮教，難道她們都是有才華的嗎？為何不看看歷史上的才女的例子：《詩經》有《雞鳴》詩，讚美齊妃；有《女曰雞鳴》詩，是女子警夫之作；漢代有緹縈上書救父，使其父免除肉刑之苦；唐代有淑妃徐惠諫帝，不可窮民討伐遠國。還有前秦的宣文君講《周禮》，使周禮之學大明於世；東漢的班昭續成其兄班固所著《漢書》，使漢代歷史得以流傳；唐鄭氏著《女孝經》；唐宋若昭著《女論語》；東漢班昭還著有《女誡》；明仁孝文皇后徐氏著有《內訓》；敬姜紡麻並教育兒子要勞而思善，《左傳》特意作了記錄；前秦竇滔妻蘇蕙織成回文詩，以表深情；春秋柳下惠的妻子親自為丈夫寫誄文封諡號，門人不能改一字；漢儒伏生的孫女為祖父講解《尚書》作記錄。這些女子都是宮闈的美好風範，是廣大婦女學習的好榜樣。從這些例子看來，女子知書識字，達禮通經，就能不僅在當時贏得名譽，還能憑自己的才華流芳後世。如果做到不看奸邪荒淫無聊的書籍，不聽那些邪僻乖戾的語言，作為父兄，隨時想到女子讀壞書的後果而預先採取措施，那麼女子就能修養正道而苦學成才，效法古人而成就其美德。這樣就能使婦女達到既道德完善，又才華兼備，盡善盡美的境界。

少年婦女　最要勤謹

少年婦女，最要勤謹，比人先起，比人後寢。
爭著做活，讓著吃飯，自懶口饞，惹人下賤。
米麵油鹽，碗碟匙箸，一切家火，放在是處①。
件件要能，事事要會，人巧我拙，見他也愧。
口要常漱，手要常洗，避人之物，藏在背裡。
腳手頭臉，女人四強，身子不顧，人笑爺娘。
衣服整齊，茶飯潔淨，汗濁邋遢，諸人厭憎。
一鬥珍珠，不如升米，織金妝花，再難拆洗。
刺鳳描鸞，要他何用？使得眼花，坐成勞病。
婦女妝束，清修雅淡，只在賢德，不在打扮。
不良之婦，穿金戴銀，不如賢女，荊釵布裙②。
剩飯殘茶，都要愛惜，看那窮漢，糠土也吃。
一米一絲，貧人汗血，舍是陰騭③，費是作孽。
笑休高聲，說要低語，下氣小心，才是婦女。
偷眼瞧人，偷聲低唱，又惹是非，又不貴相。
古分內外，禮別男女，不避嫌疑，招人言語。
孝順公婆，比如爺娘，隨他寬窄④，不要怨傷。
尊長叫人，接聲就叫，若叫不應，自家先到。
長者當讓，尊者當敬，任他難為，只休使性。
事無大小，休自主張，公婆稟問，夫主商量，
夫是你天，不可欺心，天若塌了，那裡安身？
有夫不覺，無夫才知，孤兒寡婦，豬狗也欺。

也休要強，也休撒暴，懼內淩夫⑤，世人兩笑。
夫不成人，勸救須早，萬語千言，要他學好。
相敬如賓，相成如友，媟狎謔戲⑥，夫婦之醜。
久不生長，勸夫娶妾，妾如生子，你也不絕。
家中有妾，快休嚷鬧，鄰家聽的，只把你笑。
越爭越生，越嘆越惱，不如賢惠，都見你好。
夫若不平，妾若不順，你做好人，自有公論。
大伯小叔，小姑妯娌，你不讓他，那個讓你？
罵盡他罵，說盡他說，我不還他，他也臉熱。
百年相處，終日相見，千忍萬忍，休失體面。
既是一家，休要兩心，外合裡差⑦，壞了自身。
母家夫前，休學語言，講不清白，落個不賢。
讓得小人，才是君子，一般見識，有甚彼此？
休要搬舌，休要翻嘴，招對出來，又羞又悔。
邪書休看，邪話休聽，邪人休見，邪地休行。
寧好明求，休要暗起⑧，一遍發覺，百遍是你，
也休心粗，也怕手慢，不癢不疼，忙時沒幹。
看養嬰兒，切戒飽暖，些須過失，就要束管。
水火剪刀，高下跌磕，生冷果肉，小兒毒藥。
鄰裡親戚，都要和氣，情性溫熱，財物周濟。
也要仔細，也要寬大，作事刻薄，須防禍害。
只誇人長，休說人短。人向你說，只聽休管。
手下之人，勞苦饑寒，知他念他，凡事從寬。
三婆二婦⑨，休教入門，倡揚是非，惑亂人心。
房中說話，常要小心，旁人聽去，惹笑生嗔。
門戶常關，箱櫃常鎖，日日緊要，防盜防火。

多積陰騭，少積錢財，兒孫若好，錢去還來。
安分知足，休生暴怨，天不周全，地有缺欠。
任從受氣，留著本身，自家尋死，好了別人。
三從四德⑩，婦人常守，犯了五出⑪，不出也醜。
婦人好處，溫柔方正，勤儉孝慈，老成莊重。
婦人歪處，輕淺風流，性凶心狠，又懶又丟⑫。
賢妻孝婦，萬古傳名，不賢不孝，枉活一生。

——〔明〕呂得勝《女小兒語·四言》

題　解

　　本篇選自清代陳弘謀編選《五種遺規·教女遺規》(《四部備要》本)。作者呂得勝，明嘉靖年間人。（生卒年不詳）號近溪，寧陵（今屬河南）人，明代著名學者呂坤之父。所撰《小兒語》和《女小兒語》，儘量使用俚俗通暢的語言，如同說話一般，以便讓小孩子樂聞易曉，琅琅上口，在遊戲玩笑間，接受道德禮儀的薰陶。本篇專為小女孩所作，從家庭瑣事到三從四德，從油鹽柴米到三綱五常，苦口婆心，娓娓道來，一心要想把普天下的女子都訓誡成賢妻良母、孝女節婦。前人對此篇有好評，陳弘謀評云：「茲篇其專訓女子者也，警醒透露，無一字不近人情，無一字不合正理，其言似淺，其義實深。閨訓之切要，無有過於此者。凡為女子，童而習其詞，長而通其義，時時提撕，事事效法，庶乎女德可全，雖以之終身焉可也。」但用現代人的眼光來衡量，其中有不少封建糟粕如勸夫娶妾等是需要加以批判和剔除的。

注 釋

①是處：正確的位置，應該擺放的地方。

②荊釵布裙：以荊枝當髮釵，用粗布製衣裙，為貧家婦女的裝束。

③舍；施捨。陰騭（业）：陰德。《尚書‧洪範》：「惟天陰騭下民。」

④寬窄：寬容和刻薄。

⑤懼內：指丈夫怕妻子。陵夫；指妻子役使丈夫。

⑥媟（ㄒㄧㄝˋ）狎：放蕩、胡鬧。

⑦處合裡差：即貌合神離，表面上和氣親熱，實則心中另有算盤。

⑧明求：即開口借。暗起：即暗中偷。

⑨三婆二婦：即師婆、媒婆、賣婆和娼婦、唱婦。師婆即女巫，巫婆。賣婆即舊時販賣貨物的婦女，又稱牙婆。娼婦即妓女。唱婦即從事歌舞談唱的女藝人。

⑩三從四德：封建社會對婦女的教條。三從即幼從父兄，出嫁從夫，夫死從子，見《大戴禮記‧本命》。四德即婦德、婦言、婦容、婦紅，見《禮記‧郊特牲》及《昏義》。

⑪五出：古代社會丈夫遺棄妻子的五種藉口，又叫「七出」，即無子、淫佚、不事舅姑、口舌、盜竊、嫉妒、惡疾。見《儀禮‧喪服》「出妻之子為母」疏。

⑫丟：丟臉，不要臉面。

翻 譯

　　女孩子年輕的時候，最要的是要做到勤勞謹慎。要比別人先起床，後睡覺，要爭著做活，吃飯時卻要謙讓。如果身懶口饞，就會讓人罵為下賤貨。無論米麵油鹽，還是碗碟勺

子筷子，一切日常用品都應擺放在適當的位置。樣樣事情都要會做能做，如果別人會做自己卻不會，見人就會感到羞愧。口要常漱，手要常洗，有些東西是不好意思讓人看見的，要把這些東西收藏好。腳手頭臉是最值得女人重視的部位，如果沒有收拾好，別人會笑話爹娘。衣服要整齊，茶飯要潔淨，如果吃穿邋遢，不講衛生，會引起別人的厭惡。有一斗珍珠，不如有一升米實用。衣物上繡花描金，就難拆洗了，衣服上繡各種複雜的圖案有什麼用呢？只會使人視力下降，坐生疾病。婦女們的妝束要清新淡雅，重要的是個人的品德是否賢慧，而不在於穿著打扮。那些品行不端的女子雖然穿金戴銀，卻不如那些有賢德的貧家婦女。儘管是剩飯殘菜，也要愛惜，要想到好多窮人還在吃糠咽菜。一粒米一絲布也是汗水換來的，施捨給人是積陰德，浪費了是作孽。女孩子不能放聲大笑，說話要輕言細語，隨時隨地低眉順眼，小心謹慎，這才像女孩子樣子。如果斜著眼睛看人，背地裡說笑吟唱，既惹是非，也不是有福的模樣。自古就是內外有別，男女各有禮節。如果不避嫌疑，就會招來閒言碎語。孝順公婆就像孝順自己的爹娘，無論公婆是寬宏大量還是刻薄寡恩，都不要抱怨。長輩若要叫人，應該幫著叫，若被叫的人沒有應聲，自己就要去長輩那兒。對長者要忍讓，對尊者要恭敬。無論長輩如何為難，都不要使性子耍脾氣。不管事情大小，都不要自作主張，要向公婆稟告，要同丈夫商量。要把丈夫作為自己的天，不能有欺騙的行為。天如果垮塌了，自己到哪去安身呢？有丈夫時不覺得丈夫的重要，沒有丈夫時才知道有個丈夫多麼好。若是孤兒寡婦，連畜生都敢欺負你。不要太好強，也不要當潑婦。當丈夫的怕妻子，或

妻子淩駕於丈夫之上，這兩種情形都讓人笑話。萬一丈夫不
成器，要早早地相勸挽救。千言萬語，萬語千言，要教他學
好。夫婦要相敬如賓，像朋友一樣相處。言行放蕩胡鬧，那
是正經夫婦所不為的。如果久不生育，就要勸丈夫娶妾。小
妾生了兒子，就等於自己也沒有絕後。家中有小妾，不能吵
鬧叫嚷，以免鄰居們笑話。越爭吵越增隔閡，越叫嚷越添煩
惱。不如心平氣和，賢惠待人，人人都會說你好。丈夫若處
事不公，小妾若不順從，自己要做好人，別人自有公論。無
論大伯小叔，還是小姑妯娌，你不讓他，他怎麼會讓你。他
要罵人讓他罵夠，他要嘮叨也讓他說夠，只要不還嘴，他自
己會不好意思。一輩子要相處一起，每天都要相見，遇事千
萬要忍耐，不要撕破臉面。既然是一家人，就不要生二心。
如果貌合神離，表面一套，心裡想的又是另外一套，那實際
上是傷害了自家。在娘家人和丈夫面前，不要搬弄是非。萬
一沒有說明白，自己反而落得不賢慧的壞名聲。能對小人容
讓，這才是君子的風度。如果和小人一般見識，那和小人又
有什麼區別？婦人特別不要搬弄是非，不要傳遞小話，萬一
當面對質，會讓你又羞又悔。淫穢的書不能看，淫邪的話不
能聽，不能與心術不正的人相處，不能到歪風盛行的地方遊
玩。如有自己需要的東西可以開口向人借，千萬不能暗中去
偷。只要有一次被人發覺，就會被人永遠認為是賊。做事不
要粗心，不要拖沓。不要整天為一些不癢不疼的小事操心，
真正忙亂起來又理不出頭緒。看護照料嬰兒，一定不要過飽
過暖；小孩子有一點點過失，就要及時加以管束教育。要特
別小心水火剪刀等危險物品，不要讓孩子爬高下坑，謹防跌
跤。還有生冷的瓜果肉類，這些都是害孩子的毒藥。對鄰居

親戚要和氣，要熱情相處，如有困難要多多周濟。該仔細就仔細，該寬大就寬大。做事太刻薄的話，謹防禍害就臨頭了。議論別人只說別人優點，不能揭別人的短處。就算有人說給你聽，也只聽而不要多管閒事。手下的人受苦受累饑寒交迫，要體恤下人的困難，凡事從寬處理。那些巫婆、媒婆、賣婆和娼妓、藝妓等不務正業之人，不能讓她們來家結交，這些人都是挑撥是非，惑亂人心的害人精。夫婦二人在房間裡說話也要小心，以免被旁人聽去，惹出笑料和麻煩。門戶要常關，箱櫃要常鎖，防盜防火是每天都要緊記的大事，要多積陰德，少積錢財。只要兒了們有出息，錢去了還會再來。要安分知足，不要抱怨；天與地都有不周全之處，何況人呢？無論受了多大的委屈都要愛惜自家性命，你若尋死，別人也不會同情。三從四德是婦女要遵守的禮教。若是觸犯了禮教規定的「五出」條，就算丈夫容忍你，自己也無臉面見人。婦女最可貴在於性情溫柔，舉止穩重，勤儉持家，孝敬老人，愛護下輩，莊重得體；婦人最可賤在於舉止輕佻，風流側豔，性凶心狠，懶惰丟醜。凡為賢妻孝婦，都能萬古傳名；那些不賢不孝的女子，枉自活在人間。

賢德婦女　足為楷模

　　婦人者，伏於人者也。溫柔卑順，乃事人之性情；純一堅貞，則持身之節操。至於四德，尤所當知。婦德尚靜正①，婦言尚簡婉②，婦功尚周慎③，婦容尚閒雅④。四德備，雖才拙性愚，家貧貌陋，不能累其賢⑤；四德亡⑥，雖奇能異慧，貴女芳姿，不能掩其惡。今采古人之賢者。婦人備有眾善，一長不足以盡之也，故列諸首。

　　明帝後后氏⑦，伏波將軍援之女也⑧。謙抑節儉，不私所親。肅宗即位⑨，欲封諸舅，太后不聽。明年夏，大旱，言事者以為不封外戚之故⑩。太后乃下詔曰：「凡言事者，皆欲媚朕以希恩耳⑪。昔王氏同日五侯⑫，其時黃霧四塞，不聞澍雨之應⑬。田竇貴寵橫恣⑭，傾覆之禍為世所傳。故先帝慎防舅氏，不令在樞機之位⑮。諸子之封，裁令半楚淮楊諸國⑯。嘗謂我子不得與先帝子等⑰。今有司奈何欲以馬氏比陰氏乎？吾為天下母，而身服大練⑱，食不求甘，左右但著布帛，無香薰之飾者，欲以身率下也⑲。」

　　呂氏曰：士庶之人，莫不私其所親，況太后耶？明德懲田竇五王之橫，裁抑外家，不令封侯；身為天下母，而衣大練之衣，無三味之膳，敦節儉以為天下先，非甚盛德，何能割恩任怨，約己率人若此哉！吾首發之以為婦道倡。

敬姜者，魯穆伯之妻，文伯之母，季康子之從祖叔母也⑳。文伯相魯，退朝，敬姜方績㉑。文伯曰：「以歜之家㉒，而主猶績㉓，俱干季孫之怒㉔。其以歜爲不能事主乎？」敬姜歎曰：「魯其亡乎？使僮子備官而未之聞耶㉕！居，吾語女㉖：昔聖王之於民也，擇瘠土而處之，勞而用之，故長王天下㉗。夫民勞則思，思則善心生；逸則淫，淫則忘善；忘善則惡心生。沃土之民不材，淫也；瘠土之民向義，勞也。是故天子公侯，王后夫人，莫不旦暮憂勤，各修其職業。今我寡也，爾又在下位，朝夕虔事㉘，猶恐忘先人之業，況敢怠耶？」季康子嘗至，敬姜闔門而與之言㉙，不逾閾㉚，仲尼謂敬姜別於男女之禮矣㉛。

呂氏曰：「敬姜之內教備矣！無一而不善，可爲婦人持身之法。」

樂羊子妻㉜，不知何氏女，羊子嘗行路，得遺金一餅，與其妻。妻曰：「妾聞志士不飲盜泉之水㉝，廉者不受嗟來之食㉞，況拾金以汙其行乎？」羊子大慚。乃捐於野㉟。嘗遠尋師，學一年，來歸。妻跪問故，羊子曰：「久行懷思，無他意也。」妻乃引刀就機而言曰：「此織生自蠶繭，成於機杼。一絲之累，以至於寸。累寸不已，遂成丈匹。今若斷斯織也，則捐成功，廢時月。夫子積學，當日有成。若中道而歸，何異斷斯織乎？」羊子感其言，還就學，七年不返。妻躬勤養姑㊱，又遠饋羊子，俾之卒業㊲。嘗有盜入其家，欲犯之不得，乃劫其姑。妻聞，操刀而也。盜曰：「速從我！不從，我殺汝姑！」妻仰天慟哭，舉刀刎頸而死。盜大慚，舍其

姑而去。太守聞之，賜錢帛，以禮葬之，號曰：「貞義」。

呂氏曰：「賢哉，樂羊子之妻乎！遺金不受，臨財之義也；樂守寂寥，愛夫之正也；甘心自殺，處變之權也。值此節孝難全之會，一死之外無他圖矣。史逸其名，惜哉！」

——〔明〕呂坤《閨範》（節選）

_題　解_

　　本篇選自《五種遺規‧教女遺規》（《四部備要》本）。呂坤（1536-1618），明代學者。字叔簡，號新吾，寧陵（今河南開封）人。明萬曆二年（1574）進士，歷山東參政，山西按察使，陝西右布政使，官至刑部侍郎。後因不滿朝政，稱疾乞休，家居二十年，以著述講學為務，卒於萬曆末。著有《呻吟語》、《四禮疑》、《四禮翼》、《閨範》、《實政錄》、《去偽齋文集》等。不侈語精微，而以篤實為本；不虛談高遠，而以踐履為程。清人稱他「在明季講學諸儒中，最為篤實」。《閨範》一書是其在山西按察使任上撰成，意即「閨中之模範」，也就是為封建社會的婦女樹立榜樣。書前有小序，言其寫作目的是因為前代的《女訓》諸書太多太雜太難，因此他模仿《列女傳》，輯錄先哲嘉言、諸賢善行等，並繪之圖像。每類之前，各題大旨；每傳亡後，各贊數言，以示激勵。清陳弘謀評云：「《閨範》一編，前列嘉言，後載善行，復繪之以圖，繫之以贊，無非欲兒女子見之，喜於觀覽，轉相論說。因事垂訓，實具苦心。當時士林樂誦其書，摹印不下數萬本，直至流布宮禁。……所載懿行，可以動天地，泣

鬼神。至今讀之，凜凜尤有生氣。誠哉！地維賴以立，天柱賴以尊，孰謂女德為無關輕重哉？」陳氏所評雖有過譽之嫌，亦可見出此書影響之大，流傳之廣。此選「善行」篇中「婦人之道」一節，開篇言「婦人者，伏於人者也」，即不可取；但以「溫柔」、「堅貞」為婦女之道德節操，則是中華民族婦女的傳統美德。所舉馬皇后、敬姜、樂羊子妻等，亦是歷代文獻中稱頌的婦女榜樣。

注　釋

①靜正：閒雅端正。

②簡婉：簡要委婉。

③婦功：即女功、女紅。舊時指紡織、刺繡、縫紉等事。班昭《女誡》：「專心紡績，不好戲笑，潔齊酒食，以奉賓客，是謂婦功。」周慎：周到小心。

④閒雅：閒靜文雅。

⑤累：拖累，連累。

⑥亡：通「無」

⑦明帝：指漢明帝劉莊，西元58-75在位，年號永平。馬皇后，漢馬援之女，明帝之後，卒諡明德。傳見《後漢書》。

⑧伏波將軍：指馬援，東漢光武帝時將軍，傳見《後漢書》卷二四。

⑨肅宗：指漢章帝劉烜，馬后之子。

⑩言事者：指朝廷中能對君主談論政事和進諫者。

⑪媚朕以希恩：獻媚於皇帝而希圖得恩典。

⑫王氏：漢元帝之后，漢成帝之母。同日王侯：漢成帝同日封其舅王譚、王商、王立、王根，王逢時為關內侯。

⑬澍（ㄕㄨ）雨：時雨。

⑭田竇：指田蚡、竇嬰，田為漢景帝王皇后同母弟，封武安侯；竇為漢文帝竇皇后從兄子，封魏其侯。兩人皆貴戚，門客常視兩人勢力高下而移易門戶。

⑮樞機：中樞要害，此指顯要的官位。

⑯裁令：裁斷命令。半：一半。楚淮揚：分封國名。

⑰等：相等，等同。

⑱大練：粗帛。

⑲以上馬后事見《後漢書》卷十《皇后》紀。

⑳季康子：春秋魯大夫。名季孫肥，諡康。哀公末年卒。

㉑績：輯麻。

㉒歜（ㄔㄨ）：文伯之名。

㉓主：大夫之妻稱主。

㉔幹：觸犯，干犯。季孫：季孫氏。魯公子季友之後，亦曰季氏。

㉕備官：居官。、

㉖居：平時。女：通「汝」。居，吾語女：平時我常對你說。

㉗王（ㄨㄤ）：統治。

㉘虔事：恭敬地做事。

㉙闔門：開門。

㉚逾閾（ㄩˋ）：超過門檻，引申指越過界限。以上敬姜事見《國語‧魯語下》。

㉛《禮記‧檀弓下》：「穆伯之喪，敬姜晝哭；文伯之喪，晝夜哭」。孔子曰：「知禮矣。」

㉜樂羊：戰國時魏將靈壽。其事跡參見《戰國策‧秦策二》、《淮南子‧人間》。

㉝盜泉：古泉名，在山東泗水縣。《尸子》：「（孔子）過於盜泉，渴矣而不飲，惡其名也。」

㉞嗟來之食：比喻帶有輕蔑性的施捨。《禮記‧檀弓下》：「齊大饑，
　黔敖為食於路以待餓者而食之。有餓者，蒙袂輯屨，貿貿然來。黔敖
　左奉食，右執飲，曰：『嗟來食！』揚其目而視之，曰：『予唯不食
　嗟來之食，以至於斯也。』從而謝焉，終不食而死。

㉟捐：拋棄。

㊱姑：婆婆，此指樂羊子之母。

㊲俾（ㄅˋ）：使。

翻 譯

　　「婦人」就是被人制伏的意思。溫柔卑順，是侍奉別人應
具備的性情。純一堅貞，是自己應堅持的氣節操守。至於
「四德」更應該熟知。婦女的品德要閑雅端正，婦女的言語要
委婉，婦女做紡織縫紉等事要周到小心。婦女的裝飾打扮要
閑靜文雅。達到了這四個標準，雖然聰明才華不夠，家貧貌
醜，也難以淹沒其賢德，如果達不到這四個標準，雖然聰慧
異常姿態外表姣美，也不能遮蓋其惡行。所以我把古代賢德
婦女羅列如下。婦人應該具備各種優點賢德，只用某一方面
的長處來衡量不足以囊括，所以列在最前面。

　　漢明帝的皇后馬氏，是漢伏波將軍馬援之女。品行謙恭
節儉，對親戚沒有私心。其子漢章帝即位後，打算給諸舅分
封爵號，馬太后不同意。第二年夏，天大旱，朝臣中有人認
為這是沒有給外戚封爵的緣故。馬太后下詔書云：「凡在朝
廷中當官的，都希望向皇帝獻媚以得到恩典。往昔漢成帝
時，王太后一日中封五位兄弟為關內侯，那時候天地間黃霧
交塞，沒有聽說下過幾日雨。田蚡、竇嬰都以外戚身分居高
位，橫行霸道，導致政權傾覆的教訓是很深刻的。所以先帝

對外戚國舅小心提防，不讓他們在要害部門任職；對皇子們的分封地也下令只能有楚、准、楊諸分封國的一半大小；曾說過我自己的兒子不能同先帝的兒子等同。現在朝臣們怎麼想要把我馬氏與陰氏相比較呢？我身為天下之母，而身穿粗帛衣衫，吃飯不求甘美的食物，左右隨從只穿粗布，不戴香花蘭草等裝飾品，就是想以身作則，為天下人作榜樣啊！」

　　作者呂坤評說：一般的老百姓對親戚沒有不存私心的，何況太后呢？但明德馬太后以田蚡、竇嬰和五王仗勢橫行為教訓，制裁壓抑外戚，不讓他們封侯，身為天下母，卻身穿粗帛衣衫，每頓飯沒有超過三種以上的菜餚，勵行節儉，為天下人作榜樣。如果不具備盛德賢才，哪能像這樣捨棄私人利益，任勞任怨，克己為人到如此程度呢？所以我首先錄下她的事跡，作為婦女們的榜樣。

　　敬姜是戰國魯人穆伯的妻子，文伯的母親，季康子的從祖叔母。文伯在魯國作宰相，退朝回家，見敬姜正在紡麻，文伯說：「像我這樣的家庭，您身為大夫之母還要紡麻。我怕觸犯季孫氏家族生氣，還以為我沒有能力侍奉您呢？」敬姜忍著氣說：「魯國恐怕要亡國了，讓不懂事的孩子居官位，還沒有聽說過。平時我常常告訴你：以前有作為的君王對待人民，選擇貧瘠的土地居住，用艱苦的勞動磨練自己，所以能長久的統治天下。民眾在艱苦的環境中就會思變，思變才會使人心向善，如果生活太安逸就會生淫蕩之心，淫蕩之心一生就會忘記什麼是正確的，忘記了什麼是正確就會生出邪惡之心。在肥沃土地上生活的人們一般不成材，是因為他們淫蕩；在貧瘠土地上生活的人們有正義感，是因為艱苦環境的磨練。所以從天子公侯，到王后夫人，莫不從早到

懷著憂慮勤勉努力，各人做自己該做的事。現在我是寡婦，你又在朝廷擔任官職，朝朝夕夕虔誠地盡職盡責，還擔心荒誤了先人的業績，哪裡敢有一絲懈怠呢！季康子曾經來拜訪，敬姜開著門和他說話，不跨出門坎一步。孔子曾經說：「敬姜對男女有別的禮教是遵守得很好的。」

作者呂坤評說：敬姜教兒子的這些話確實說得有道理，沒有一句是不好的，可以作為婦女們堅持自身操守的原則。

樂羊子的妻不知姓甚名誰。羊子曾經在路上撿到別人遺失的金子一塊，拿回家給妻子。其妻說：「我聽說有志之士不喝名為盜泉的水，清廉的人不接受別人的憐憫施捨，何況撿金子而使自己的行為受汙呢？樂羊子很慚愧，於是把金子丟棄在野地。樂羊子曾經到遠方尋師求學，學了一年便回家了。妻子跪著問他回家的原因，樂羊子說：「回家是因為出門太久心中想念家人，沒有別的意思。」妻子於是拿刀在紡織機旁說：「這紡出來的布出自蠶繭，織成於織機。一絲絲積累起來，達到一寸長；一寸寸積累起來，於是成為布匹。現在如果割斷這布匹，那麼就等於放棄了成功，浪費了時光。夫子您積累學問，應當是每日都有收穫。如果您學了一半就回家，同割斷這布匹有什麼區別呢？樂羊子被她的話感動，返回先生處繼續學習，七年不回家。其妻在家辛勤勞作奉養其母，又給遠方的樂羊子送衣送物，使他終於完成了學業。曾經有強盜闖入其家，想霸佔樂羊子之妻而沒得手，於是劫持了她的婆婆。樂羊子之妻聽說後拿著刀出來，強盜說：「快順從我！如果你不順從我，我就殺死你婆婆！」樂羊子之妻仰天痛哭，拿刀自刎而死。強盜見狀心生愧悔，於是放了她婆婆逃走了。地方官聽說此事，賞賜錢和衣物依照

禮節安葬了她，封號為「貞義」。

作者呂坤評說：樂羊子之妻真是賢慧啊！撿到的金子不接受，這是在財物面前表現出來的品德；自己甘願守七年寂寞，這是愛護丈夫的正確方法；當強盜逼迫時甘心自殺，這是在實發事變時採取的緊急應對措施。當守清白節操和盡孝敬之心難以兩全的時刻，除了選擇死外，就沒有更好的別的辦法了。她的名字沒有流傳下來，真可惜啊！

不雅不莊不至誠
千教萬勸須改性

　　潑惡婦，一味性剛強，攧頭撞腦凶如虎，挐刀弄杖狠如狼①，動維哭一場②。

　　不孝婦，薄親又強親③，萬勸千教難改性，衣裳茶飯不經心，還生忤逆人④。

　　殘刻婦，心狠似豺狼，打人惡打人頭臉，罵人先罵他爺娘，第一不賢良。

　　強悍婦，性兒好縱橫，不拘甚事他張主，就是男兒敢硬爭，誰家父母生？

　　驕傲婦，眼大又胸高，公婆不肯低頭順，妯娌常將下眼瞧，窮親看不著。

　　長舌婦，專講是和非，李四面前聲吒吒⑤，張三耳畔口萋萋⑥，囑咐你休題。

　　懶惰婦，腳手似風癱，妥腰楞胯閑數嘴⑦，長身舒腳自在眠⑧，萬事不相幹。

　　風狂婦，生來欠老成，好說好笑好丟灑⑨，不雅不莊不至誠，身沒四兩輕⑩。

　　險毒婦，一味蛇蠍心，氣他旺相嫌他有，壞他聲名破你親，暗劍會殺人。

　　絮聒婦，瑣碎不停聲，千言萬語說還說，半月十朝重又重，教人怎待聽？

護短婦，恩愛殺兒郎，好吃好穿盡他費，作非作過替瞞藏，撞下你承當。

——〔明〕呂坤《閨戒》節選

題解

本篇選自《去偽齋文集》。作者呂坤生平簡介見前一篇。《閨戒》共用三十七首《望江南》詞，諷刺鞭撻三十七種類型的婦女，作為封建社會婦女的規戒。這裡選錄十一首，其中如「惡」、「不孝」、「強悍」、「長舌」、「懶惰」、「護短」等種種表現，不僅是封建社會婦女的弱點和毛病，在現代社會婦女中也確確實實存在著，因此對現代社會的婦女仍然有規戒作用。

注釋

⑴挐：同「拿」。

⑵動唯：動不動。

⑶強（㝵）：固執，不順。

⑷生；生育，生養。忤逆：不孝順父母。

⑸吒吒（㞢）：形容嘰嘰喳喳的聲音。

⑹萋萋；通「吃吃」，形容話音不絕。

⑺妥腰：腰身舒展。樢胯：「樢」原為床頭橫木，此用來形容把腳抬得高高的姿態。

⑻軃（㝵）：下垂的樣子。長身、軃腳都是形容全身放鬆的樣子。

⑼丟灑：行為舉止不受約束、不莊重的樣子。

⑽身沒四兩輕：比喻毫無價值。

翻 譯

又潑又惡的婦人，只知道性格剛烈，東衝西撞如老虎般兇猛，舞刀弄棍似豺狼般兇狠，動不動就撒潑大哭大鬧。

不孝順的婦人，對親人刻薄又不順從。無論怎勸教都不改變，不經心照料老人的衣食住行，所生的子女也是不孝忤逆之人。

兇殘尖刻的婦人，心如豺狼般狠毒，和人打架拼命打別人的頭臉，和人吵架開口就罵別人爹娘，這是第一等不賢良之人。

強壯剽悍的婦人，性格特別倔強任性，不論大事小事她張口就作主，哪怕和男子也敢硬爭強奪，誰家父母生養了這樣的女兒？

驕傲的婦人，眼睛裡沒有別人，心氣也高，對公婆不肯俯首順從，對妯娌也是瞧不起，窮親戚就更看不上眼了。

長舌饒舌的婦人，專門愛挑撥是非，李四面前嘰嘰喳喳，張三耳旁嘮嘮叨叨，別人囑咐的話早就忘在腦後。

懶惰散漫的婦人，腳手就像患了風癱病一樣，腰放伸腳抬高只有嘴巴閉著，全身放鬆伸伸展展自顧自愛睡覺，什麼事都不沾邊。

風流張狂的婦人，生來就欠穩重老成。好說好笑舉止隨便，不閒雅不莊重不誠實可靠，輕浮狂放得不知自己身在何方。

陰險毒辣的婦人，有一顆毒蛇般的心，別人發財別人富有她都眼紅，想方設法破壞你的名聲和關係，專門用暗劍殺人。

　　絮叨聒碎的婦人。為瑣屑小事就嘮叨不停，千言萬語說了又說，十天半月都還在重覆念叨，教人怎麼有耐心聽？

　　護短溺愛的婦人，用自己對兒女的愛害了兒女，好吃穿任兒女享受。兒女犯了過錯還替他們隱瞞，等兒女犯了大過失時後果就該你承擔了。

德言容功　為婦之道

德

爲婦之道，在女己見。
幽閒貞靜，古人所羨。
柔順溫恭，周旋室中。
能和能肅，齊家睦族。
二南風始①。禮法備矣。

言

男唯女俞②，禮分內外。
長舌階厲，大雅深戒③。
林下風清④，厥惟應對。
不逾閫閾⑤，專警士昧⑥。

容

閨房之秀，實惟容儀。
非尙妍華，無俾俗媸⑧。
凝妝儼然⑨，可對明鏡。
周身雅度，必中以正。
豈無膏沐？勿過修飾。
豈無衣裳？勿傷輕逸。
所貴人重，無取人憐。

以此爲容，宜家罔衍⑩

功

春蠶秋績⑪，纖手勿惜。
縫裳綴綻⑫，兼議酒食。
錦繡纂組，害於女紅⑬。
勤則生善，儉則致豐。
用傚四德，⑭以勉三從⑮。

——〔明〕徐士俊《婦德四箴》

題 解

本篇選自《香豔叢書》第十二集。作者徐士俊（生卒年不詳），字三有，號野君，仁和（今浙江杭州）人，明末清初在世。工詞曲，兼通音樂繪畫，與戲劇家卓人月交厚，名重一時，所作雜劇今存《春波影》、《絡冰絲》兩種。生平事跡見清王焯《霞舉堂集》所作傳。據文後所附跋語，此文爲其晚年所作，以四言詩形式講述婦德、婦言、婦容、婦功的涵義，其目的是規戒婦女的言行。其中以爲女子之德在於「柔順溫恭」，「齊家睦族」；女子之容不能「尚妍華」，「過修飾」；女子之功則重在勤儉，「勤則生善，儉則致豐」等言論，對今人不無俾益。

注 釋

⑴二南：《詩經·國風》中的《周南》《召南》。其中如《周南·關雎》，《毛詩序》解釋爲：「后妃之德」。《召南·鵲巢》，《毛詩序》解釋爲「夫人之德」。其餘各詩多被解釋爲與后妃、夫人之德行有

關。作者在此認為《詩經》從開始就對婦女的德行有所規範，是根據《毛詩序》所作的解釋。

②男唯女俞：唯、俞皆為應答之辭。唯之聲直，俞之聲婉，故男唯女俞。《禮記‧內則》：「子能食食，教以右手；能言，男唯女俞。」

③階厲：禍端，同「厲階」。《詩經‧大雅‧瞻卬》：「婦有長舌，維厲之階。」

④林下風：形容婦女閒雅超脫的風度。《世說就語‧賢媛》：「王夫人神情散朗，故有林下風氣。」王夫人，晉王凝之的妻子謝道蘊。

⑤厥：其。惟：思考，謀慮。應對：對答。

⑥闈（ㄨㄟ）：指閨門，婦女所居處。閫（ㄎㄨㄣ）：門檻。

⑦士：成年男子。昧：貪婪，冒犯。《左傳‧襄公二十六年》：「楚王是故昧於一來。」杜預注：「昧，猶貪貌。」

⑧俾：使。嗤：嗤笑，譏嘲。

⑨凝妝：盛妝。儼然：形容矜持莊重。

⑩罔：沒有。愆：過失，罪咎

⑪績：紡緝麻線。

⑫綻：衣縫開裂。

⑬纂組：赤色的綬帶。《漢書‧景帝紀》：「綿繡纂組，害女紅者也。」害：妨害。女紅：同「女功」，婦女的工作。指紡織、刺繡、縫紉等。

⑭儆：同「警」，戒備，警惕。

⑮勉：勸勉。三從：指幼從父兄，嫁從夫，夫死從子。見《大戴禮記‧本命》。

翻　譯

關於婦德

如何才能做一名出色的女子？關鍵在於女子自己的德行。女子應該有幽雅閑靜貞潔的氣質，這樣的女子連古人都會欽慕。女子要柔順溫拱，善於處理好家庭中各種關係。既對人和氣，又使人尊敬，這樣就能治理好家務，使家族和睦團結。婦女的德行在《詩經》的《周南》《召南》中就已經規定得很完備了。

關於婦言

男子應答聲粗直，女子應答聲和婉，男女的禮節有內外之別。饒舌愛傳小話的長舌婦是禍事的起端，這在《詩經·大雅》中已有戒勸。女子應學習晉代才女謝道蘊優雅超脫的風度，考慮如何恰當地回答別人的問題。平時不邁出閨門一步，對那些冒昧侵犯的男子要嚴厲警告。

關於婦容

凡是出色的女子，都要考慮自己的容貌舉止是否恰當。既不推崇妖豔華麗，又不讓一般人嗤笑。要打扮得大方莊重，對著鏡子挑不出疵漏。全身穿著得體，風度高雅，這樣必然合規合矩。哪裡是沒有胭脂香粉呢？只是不要過度修飾罷了。哪裡是沒有華麗衣裳呢？只是不願穿得花花悄悄罷了。女子所看重的應該是被人尊重，不要博取別人的廉價同情。如能把以上的各項事宜作為婦女容貌舉止的標準，那麼就對整個家庭有益，就不會犯過失了。

關於婦功

女子春天養蠶，秋天織麻，不要過於愛惜自己的雙手。

縫補衣裳，釀酒煮飯，這些都是女子應該做的，如過份講究服飾，要彩衣刺繡，那對女子的日常勞作就有妨害了。勤勞能培養人的好德行，儉樸則能帶來豐厚的回報。我用這些話來告誡勉勵婦女，一定要遵守「三從四德」的規定。

待下人要寬嚴得體

凡人家道稍溫①，必蓄僕婢。彼資我之養，我資彼之力，蓋相依而成人家。彼既有力，何處不可依人？而謂彼非我則無以爲生者，誤也。律有「入官爲奴」之條②，士庶之家，安得有奴？故僕曰義男，婢曰義媳，幼者曰義女，皆與己之兒媳子女同稱。雖有貴賤，非犬馬之與我不同類者。陶淵明所謂「此亦人子也」，可繹思矣③。

人家於此輩，衣服飲食，不加體恤，已失慈惠之道。若唾罵捶楚，略無節制，殘忍何堪？或當罵而竟撻，或宜量撻而加重撻，或無故撻之，此在男子容有之④，而女人尤甚。婦人於僕婢皆然，而於小婢尤甚。

男子得僕以服伺於外⑤，婦人得婢以服伺於內。皆可代己之勞，此男婦之所同也。惟婦人得僕婢代爲出入，而己得嚴內外之防，得供使令之役⑥，是婦人之於僕婢尤切也。乃於所蓄僕婢，無端淩虐，或炊爨而少竊腥蔬⑦，或看茶而便竊茶果，此小過，恕之可耳。或叱罵之，量朴之，足矣，及以爲罪大惡極而不可赦也，盡力鞭笞，不在人理相待之內。有舅姑聞聲而不避，有妯娌力勸而不能。若丈夫禁之，則反甚其怒，猶曰：「彼爲盜耳。」又有命之服役而不諳⑧，蓋彼惟愚癡，故爲人役耳，正可情遣理恕而從容教之。乃持棍棒而押之，一面打罵，一面視其幹辦⑨。彼痛楚難堪，恐怖心勝，益

周章無措⑩，而益箠撻不休，猶曰：「此其不用心服役耳。」又有因家之不如意，無名頓起⑪，怨毒橫生，遂遷怒於僕婢而撻之，視平昔更甚，清天雷電，平地風波，令彼躲閃無門，手足難措，豈不爲無端業障哉⑫？

欲閑有家⑬，須嚴於納媳之始。所謂教婦初來也。蓋新婦初來，就是素性剛狠，自有許多含蓄不敢發處。欲撻僕婢，必要先稟白舅姑，月不過一二度，杖不過荊條，數不過三五下。倘有私撻，暗地撻。姑查出而叱之。再不改，白其父母。又再不改，父責其子，姑責其媳，不妨過嚴，自不敢恣其胸臆。數月規矩已定，後來自能照行之。若初時稍縱，將來必勢重不可返，無藥可醫矣。

—— 〔明〕王孟箕《御下篇》節選

題 解

本篇選自《五種遺規·教女遺規》（《四部備要》本）。作者王孟箕（生卒年不詳），名演疇，江西彭澤人。萬曆進士，任山西副使。所著家訓《御下篇》，針對婦女治家待僕婢之道，主張要慈悲為懷，寬嚴得體，不要無端凌辱，擅加懲罰。清陳弘謀在此文前有按語，認為寬仁慈惠是婦女應有之德，也會給婦女帶來福氣。婦女主內，操持家務，日夕與僕婢相處，若能以賢德教化僕婢，廢除酷烈暴虐之舉，必能家和事興，惠及子孫，反之則會有天災人禍。在等級森嚴的封建社會，這種體恤下人，善待僕婢的主張自是難能可貴。

注 釋

①家道稍溫：家庭經濟狀況較富裕。

②律；指當時法律。入官為奴：指賣身官宦人家為奴。

③陶淵明語，見梁蕭統撰《昭明太子集》卷四〈陶淵明傳〉。繹思：深思熟慮。

④容：副詞，或者，也許。

⑤服伺：同「服侍」。

⑥使令：使喚。

⑦炊爨（ㄘㄨㄢ）：燒火做飯。少：通「稍」。

⑧諳：熟悉、知道。

⑨幹辦：精幹能辦事。

⑩周章：惶懼貌。《顏氏家訓·文章》：「周章怖慴，不達天命。」

⑪無名頓起：陳弘謀注曰：「無故動火性。」

⑫業障：罪孽，謂前世所作種種惡行，導致今生的惡果。

⑬閑；防禦，治理。有家：家；有，助辭。《易經·家人》：「閑有家，悔亡。」

翻 譯

　　凡稍有家產的人家，都一定要蓄養僕人奴婢。僕婢依靠主人家供養，主人家靠僕婢們的體力，相互依存而成為一家人，僕婢們既然有體力，哪裡找不到可依靠的人家呢？認為僕婢們不依靠自己就無法生存的想法是錯誤的。法律有「入官府則為奴」的條文，一般的百姓家，哪來的奴僕呢？所以稱僕人是「義男」，稱婢女是「義媳」，稱丫環是「義女」，都與自己的兒媳子女同樣稱呼。雖有貴賤之人，但決不是像

狗、馬那樣與自己是不同類的動物。陶淵明曾說過「僕婢也是別人的兒女」，值得深思。

　　主人家對僕婢的衣服飲食不加以關照，已經喪失了仁慈賢惠。如果還責罵鞭打，沒有一點節制，這樣的殘忍怎能忍受？有的是本當責罵卻發展成責打，有的是本該輕打卻發展成重打，有的更是無緣無故就責打。這樣的行為男子也許會有，而女人更是經常發生。婦人對僕婢都如此，對丫頭更屬害。

　　男子是在外面使用僕人服侍，婦人是在家中使用婢女服侍，僕婢的服侍可代替自己的勞動，這在男子、婦人是一樣的。但是婦人還需僕婢代替自己進進出出，自己要嚴守內外有別的訓誡，還要承擔公婆使喚的勞作。因此婦人對僕婢的需要更為迫切，於是對所蓄養的僕婢無故加以凌辱虐待。有的僕婢燒火做飯時偷吃了一點肉菜，有的僕婢給人倒茶時順手偷拿一點水果點心。這都是小過錯，饒他們就可以了。或者叱責，或者輕罰，也足夠了。如果認為這些行為屬於罪大惡極，不可赦免，盡力鞭打懲罰，這就不符合以人道的態度對待僕婢的道理。打罵聲驚動了公公婆婆也不回避，姊娌盡力相勸也不能停止。若丈夫出面干涉，反而更增加怒氣，還說什麼：「他是偷盜行經嘛！」還有的僕婢做事不熟練，因為僕婢本身就愚癡，所以才被人所驅使。對這類人應當一方面從情理上寬恕他們，另一方面耐心地教育，結果卻手持棍棒監督他們，一面打罵，一面監督他們能否精幹地辦事，僕婢們要忍受打罵痛苦，心懷恐怖，越發不安，手腳無措，結果招致更加兇猛的鞭打，還說什麼：「挨打是因為你不用心做事。」還有因為別的家務事不如意，無端大動肝火，生怨

毒之心，於是遷怒於僕婢而責打他們，比平日更厲害，如同晴天霹靂，平地風波，讓僕婢們無處躲閃，手足都不知如何放，這難道不是無緣無故的罪孽嗎？

　　要想治家有方，必須從娶媳婦進門時就嚴格要求，這就叫作「教婦初來」。一般新媳婦剛入家門，就是平時的性格剛烈狠毒，也有許多不便發作，隱在心頭的時候。要想懲罰僕婢，一定會先稟告公公婆婆。這種情況每月不過一兩次，打人不過是用樹條子，也只是打三五下。如果私自打罵僕婢，背地裡懲罰下人，婆婆查知後要叱責媳婦，再不改，就告訴她父母。還不改，父親責罵兒子，婆婆責罵媳婦，不妨稍微嚴厲點，這樣自然不敢隨便任性發氣。經過數月，規矩就確定了，後來自然能按照執行。如果媳婦初來就稍加放縱，以後必然越來越嚴重，以至於不可改拾，無藥可醫了。

貴而能勤　富而能儉

　　農桑者，治安天下之根本；勤儉者，整頓家道之要規。周之后妃，貴而能勤，富而能儉，爲絺爲綌①，必以躬親，此王業之所以興②。

　　人各有性，非遇之所得而移也③；人各有情，又境之所得而進也。至於富貴長享不改，其淡泊之心而益篤④，其踐履之正⑤，丈夫且難，況婦人哉！王皇后節己而裕物⑥，甚至執紡績而不以爲勞⑦，豈曰矯飾，性固有之。垂心萬物，何其仁也⑧？浸潤不行，何其明也⑨：皆自崇儉約得之，儉德顧不重哉⑩！

　　女道必求其儉，非爲一身之節用計也。上好下必甚，況母之於子，心惟主慈，故每潛流於奢而不知，及其奢而督之，晚矣！柳公綽，李景讓⑪，其賢表著於天下⑫，而皆母之以節儉先之教之也⑬。誰謂女貞非天地之大義哉？

　　　　　　　——〔清〕傅以漸《內則衍義·崇儉約》

題　解

　　本篇選自《四庫全書》子部儒家類《內則衍義》卷十二。《內則衍義》一書，是清順治十三年（1056）由大學士傅以漸編纂、清世祖愛新覺羅福臨作序並審定的。全書共十六卷，以《禮記·內則》篇爲本，援引經史諸書佐證推闡之，分八綱三十二子目，即孝之道（事舅姑，事父母）、敬之

道（事夫、勸學、佐忠、贊廉、重賢）、教之道（教子、勉
學、訓忠）、禮之道（敬祭祀、隸家政，定變、守貞、殉節、
端好尚、崇儉約、謹言、慎儀）、讓之道（崇謙退、和妯娌、
睦宗族、待外戚）、慈之道（隸下、慈幼、敦仁、愛民、宥
過）、勤之道（女紅、飲食）、學之道（好學、著書）。四庫館
臣認為此書是班昭《婦誡》之後有關女訓女教的集大成之
著。《四庫全書·內則衍義提要》云：「蓋正其家而天下
正，天下各正其家，而風格淳美，民物太平，故先王治世必
以內政為本也。此編出自聖裁，並經慈鑒。端人倫之始，以
握風化之源。疏通經義，使知所遵循；引證史文，使有所法
戒。戒用以修明閫教，永著典型。……班昭《女誡》以下，
區區爝火之明，又何足仰擬日月歟？」全書體例嚴謹。資料
豐富，內容則精華與糟粕並存，瑕瑜互見。此篇選自「崇儉
約」一節，所提倡的勤儉之道，於當今仍有積極意義。

注 釋

①絺（ㄔ）：細葛布。綌（ㄒㄧ）：粗葛布。《詩經·周商·葛覃》：
「為絺為綌，服之無斁。」毛《傳》：「精曰絺，粗曰綌。」
②《詩經·周南·葛覃》小序云：「《葛覃，后妃之本也。后妃在父母
家，則志於女紅之事，躬儉節用，服澣濯之衣，尊敬師傅，則可以歸
安父母，化天下以婦道也。」
③移：改變。
④篤：真誠、純一。
⑤踐履：身體力行。
⑥王皇后：指晉文帝司馬昭之后，生晉武帝司馬炎。《晉書》卷三十一
《后妃傳》中有傳。裕：使之富足。

⑦《晉書・文明王皇后傳》云：「雖處尊位，不忘素業，躬執紡績，器服無文。」

⑧《晉書・文明王皇后傳》云：「御浣之衣，食不參味，而敦睦九族，垂心萬物。」

⑨《晉書・文明王皇后傳》云：「言中典禮，浸潤不行。」浸潤：指讒言，義指物受水滲透，後引申為讒言漸漸而進，日久則能使人聽信。

⑩顧：豈、難道。

⑪柳公綽（768-832）：唐詩人，字寬。京兆華原（今陝西耀縣）人。官至兵部尚書。傳見《舊唐書》卷一六五、《新唐書》卷一六三。李景讓：唐大臣，字後己，太原文水（今屬山西）人，官至吏部尚書、禦史大夫。傳見《舊唐書》卷一八七下、《新唐書》卷一七七。

⑫據史傳，公綽性格謹重，動循禮法。如遇災年，雖自家衣食不缺，但每飯只吃一個菜，遇豐年才恢復如初，李景讓一生廉潔，從無積儲，有人問他為何不為子孫謀利，他只笑云：「子孫們哪裡會餓死呢？」

⑬據史傳，公綽夫人韓氏為相門之女，嚴肅儉約，從不穿綾羅綢緞。回娘家省親，不乘金碧裝飾的車輛，只乘竹轎。李景讓之母鄭氏性嚴明，早寡，自訓諸子成人。家貧時，曾從牆中挖出一缸錢，卻教育兒子不能貪圖這種不經過勞動而得到的無妄之財，又築回牆中。

⑭女貞：此指有節操的女性。

翻　譯

　　農業生產是治理天下，使國家安定的根本；勤勞儉樸是整頓家道，使家庭興旺的關鍵。周朝的后妃們，身處高位而勤於勞作，身在富貴而過儉樸的生活。紡紗織布，親自參加勞動，這就是周王朝興盛的原因。

　　人各有性，不會因為偶然的所得而改變；人各有情，又

會因為環境的影響而變化。所以在可以長期享受榮華富貴的
環境中，能保持淡泊之心並且越來越真誠專一，並身體力行
地堅持，這在男子漢大丈夫都是很難做到的，何況是婦人
啊！晉朝的文明王皇后對自己節制，而使物品富足，甚至親
自紡織，並不認為這是讓人勞累的事，哪裡只是做做樣子
呢？而是本性如此勤儉。王皇后能把自己的愛心施於天下萬
物，這是何等仁慈！能讓讒言不行，這是何等明智！這些都
從崇尚勤勞儉樸中得來，勤儉的美德難道不重要嗎？

　　婦女要保持力求儉樸的道德觀念，這不僅僅是為自己節
約打算。長輩若愛好的事，下輩必然會仿效，甚至於更厲
害。何況母親對兒子之心，唯有慈愛，所以母親往往潛在地
對兒子小時候的奢侈行為放任自流。等到兒子長大奢侈無度
時再教育督促，已經來不及了。柳公綽、李景讓等人之所以
能夠因為賢良而名傳天下，都是因為他們的母親早就以節儉
之道來教育他們了，誰說有節操的女性不是天地之間的一座
豐碑呢？

女子好學　氣志足嘉

　　天下事有益有損，有所宜必有所不宜，惟學則隨所好而皆有益無損。尊卑上下，無人而不可學也，朝夕老幼，無時而不可學也。女子從人，小之則為匹庶①，中之則為卿貳②，上之則為皇后貴嬪。所奉愈大，其學之所關，益屬有用。明德馬皇后事事皆可為皇后之法程③，其得力尤在好學④。誦《易》則明盈虛消息之理⑤，是節儉所從出；讀《春秋》則明賞罰是非之權⑥，是政治所由昭；研《楚詞》憂讒抱忠之志⑦，而仁民愛物，沛然四達；考《周官》設官分職之詳⑧，而崇賢好禮，油然不倦。是以仰對章帝，朝綱賴其助宣；教授諸王，懿戚資其和洽⑨。不特為漢代皇后稱首⑩，即宋之高、曹、向、孟⑪，尚遜其美善者。學之不可已也，如是乎？

　　讀書之道，必曰左圖右史⑫。蓋事理精奧，非史不能悉其全；時勢更遷，非圖不能昭其象。況女子好學，寧有幾人？則觀書不若觀圖之尤為易易也。獨是古來賢妃列女不盡著。梁皇后篤嗜古訓⑬，命畫工圖列女以自警，其氣志有足嘉者。至於漢代經學，各有專門，韓嬰《詩傳》⑭，卓然自成一家言。女子而能通之，亦可謂深於經學者矣。

　　人之性情，不有不因觀感而興起者。高山仰止，景行行止⑮，必以前人之成躅⑯，為後人之楷模，始能觸於

目而警於心，則圖鑒之益良大。吳后既淹博群書經史⑰，又能染翰成書，濡墨爲畫，因繪畫古之女子其行事足爲法則者，置之座右，爲朝夕矚對警省身心之具，如懸鑒之妍媸畢照⑱。即古聖賢盤有銘，几有箴之意也⑲。人人能以古昔賢哲爲鑒，則宮閫之教式於海內，何難之有哉⑳！

　　　　　　　　——〔清〕傅以漸《內則衍義·好學》

題 解

　　本篇選自《四庫全書·子部·儒家類·內則衍義》卷十六，作者及全書介紹見上篇。封建社會普通認爲「女子無才便是德」，把女子接受教育、讀書識字同女子道德修養嚴重對立起來。但某些有識之士也贊成女性應該接受教育，如漢班昭的《女誡》、唐李恕《戒子拾遺》、宋司馬光《家範》、明劉氏《女教捷錄》等，都有贊成女性讀書學習的內容。當然，著者的目的是希望女性通過讀經書學古訓而更加符合封建禮教所規定的思想與行爲規範。本書以女教著作的集大成者自居，專門設立「學之道」一門，鼓勵女性好學上進，著書立說。無論出於何種目的，已可見出編纂者識見不凡。此選「學之道」中數段，皆以皇后好學的事例作爲典範，強調「無人而不可學」、「無時而不可學」。作爲封建皇帝欽定的女訓教科書，大力鼓動女性讀書學習，實屬難能可貴。

注 釋

①匹庶：此指普通老百姓之妻。
②卿貳：此指王公貴族之妻。

③明德馬皇后：東漢明帝劉莊之后，章帝劉烜之母，伏波將軍馬援之
　女。傳見《後漢書》卷十。

④《後漢書‧明德馬皇后紀》：「能誦《易》，好讀《春秋》、《楚
　辭》，尤善《周官》、董仲舒書。」

⑤《易》：即《周易》，儒家經典之一，古卜筮之書。盈虛：滿與空；
　消息：指一消一長，互為更替。《易經‧豐卦》：「天地盈虛，與時
　消息。」

⑥《春秋》：儒家經典之一，為編年體史書，相傳孔子據魯史修訂而
　成。

⑦《楚辭》：騷體類文章的總集，西漢劉向輯，收有戰國楚人屈原，宋
　玉諸人辭賦，附以摹仿屈賦形式的漢人之作。

⑧《周官》：《尚書》篇名，敘述周設官分職和用人之法。

⑨懿戚：皇帝的親族或外戚。資；憑藉、依託。

⑩特：僅僅。

⑪高：指宋英宗趙曙之后。曹：指宋仁宗趙禎之后。向：指宋神宗趙頊
　之后。孟：指宋哲宗趙煦之后。

⑫左圖右史：言積書盈側。圖：此指兼有圖畫的書籍。史：指史書。

⑬梁皇后‧指東漢順帝劉保之后。《後漢書》卷十本傳曰：「少善女
　紅，好史書，九歲能誦《論語》。治《韓詩》，大義略舉。常以列女圖
　畫置於左右，以自監戒。」

⑭韓嬰《詩傳》：韓嬰為漢文帝時博士，漢景帝時為常山王劉舜太傅。
　推闡《詩經》之意，著《韓詩內傳》、《韓詩外傳》數萬言。今惟
　《外傳》行世，是漢初為《詩經》作傳注的四家（齊、魯、韓、毛）
　之一。

⑮《詩經‧小雅‧車轄》：「高山仰止，景而行之。」鄭《箋》：景，
　明也，……古人有高行者則慕仰之，有明行者則而行之。後來以高山

景行喻指敬仰高尚的德行。止：語助詞。

⑯躅（ㄓㄨˊ）：足跡，引申指事跡、門徑。

⑰吳后：指宋高宗趙構之后。《宋史‧后妃傳》云：「（吳）後益博習書史，又善翰墨。……嘗繪古列女圖，置坐右為鑒。」

⑱具：器具、工具。懸鑒：高掛的鏡子。妍嗤：美和醜。

⑲盤有銘：盤為古代沐浴器皿，青銅製，盛行於商周。銘：文體名，古多刻於鍾鼎，秦漢後刻於碑石，用以自警。《禮記‧大學》：湯之盤銘曰：「苟日新，日日新，又日新。」孔《疏》：「湯沐浴之盤而刻銘為戒。」几：小桌子。箴：文體名，以規戒為主題。

⑳式：規格、榜樣。此用如動詞，即做出榜樣。

翻 譯

天下事有利也有弊，有相稱之處，必然也有不相稱之處，只有學習一項隨著各人的興趣愛好，全都是利而不存在弊。無論地位高低尊卑，沒有誰不能學習；無論年齡大小，時間早晚，沒有什麼時候不能學習。女子嫁給普通老百姓的，地位一般；嫁給大臣官僚的，地位中等；嫁入皇宮當皇后貴妃的，地位高貴。所侍奉的男人地位越高，女子所學的知識就更加有用。漢明帝的馬皇后所作所為全都可作為皇后學習的榜樣，其中的重要原因就在於她特別好學。讀《易經》就能懂得大自然存在著滿與空、消與長互為更替的道理，這是她崇尚節儉的理論基礎；讀《春秋》則知道正確利用賞罰是非的權利，這是導致政治清明的原因。研讀《楚辭》，感染屈原痛恨奸臣，忠於國家的志向，就能夠愛國愛民，並把這種仁愛之心灑播到四方；考證《周官》中設立官職，分掌職權詳情，就能夠始終堅持尊重有賢能的人，講求禮節制度。

所以作為皇太后輔佐漢章帝，朝廷綱紀靠她來宣傳整頓，嚴格教育已封王的各皇子，皇親國戚因她而和睦融洽。不僅僅在漢代皇后中可稱第一人，就是後來宋代有名的高、曹、向、孟諸皇后，比起她的美德來也稍遜一籌。學習是不可以停止的，就是像這樣的啊！

　　讀書的方法，一般是左邊放圖畫，右邊擱史書。大概因為社會自然的道理精微深奧，沒有史書就不能全部瞭解；時代形勢更替變化，不用圖畫就不能讓其形象地展示出來。何況女子好學的，哪裡有多少人？讀書就不如看圖畫那麼明白易懂。可惜自古以來有賢德的后妃、有氣節的女子者不盡記載在史書裡。漢順帝的梁皇后對古代的女訓特別愛好讓畫工把有氣節的女子都畫出來，以便自找警戒，這樣的精神是很值得褒獎的。關於漢代的經學各有各的特色和研究領域，韓嬰所著的《韓詩內傳》、《外傳》，因自成一家而顯得突出。女子能夠精通《韓詩》，可以說是對經學有很深的鑽研了。

　　人的性情，往往因為看到令人感動的事情而生發出仿效之心。對高山仰而望之，對高尚的德行仿而傚之，一定要用前人成功的事跡作為後人學習的楷模。能讓人一開始就看在眼裡，記在心裡，並作為警戒，那麼圖畫的好處就是很大的了。宋高宗的吳皇后既博覽群書通曉歷史，又能提筆著書，揮墨作畫。正因為她會畫畫，所以能把古代賢德女子的事跡畫出來，置之座右，以便自己朝夕目睹面對，作為警省自身的工具，就像高掛的一面鏡子，美和醜都從中反射出來。古代聖賢常在沐浴器上，或在小茶几上刻上自我警戒、自我規勸的銘文。如果人人都能以古代聖賢為鑒戒，那麼皇宮的嬪妃們為全國婦女都做出榜樣，又有什麼困難的呢！

新婦初入婆家門
立身處世當謹慎

做得起

　　近俗不知道理，閨女出嫁，必要伊做得起①。至問其所謂做得起者，要使公姑奉承，丈夫畏懼，家人不敢違忤。果爾，必是一極無禮之婦人，公姑必怒，丈夫必恨，群小皆怨，且乘間構是非②。親戚內外，視為怪物，何人作敬？宗族鄉黨聞之，皆舉以為戒。則世之所謂做得起，正做不起也。吾今有一做得起之法，先須要做不起，事公姑不敢伸眉③，待丈夫不敢使氣④，遇下人不妄呵罵⑤，一味小心謹慎。則公姑丈夫皆喜，有言必聽；婢僕皆愛而敬之。凡有使令，莫不悅從，而宗族鄉黨，動皆稱譽以為法。則吾之所為做不起，乃真做得起也。

得歡心

　　新婦之倚以為天者⑥，公姑丈夫三人而已，故待三人，必須曲得其歡心。不可纖毫觸惱。若公姑不喜，丈夫不悅，則鄉黨謂之不賢，而奴婢皆得而欺淩我矣，從此說話沒人聽矣，凡事行不去矣。故婦之善事公姑丈夫也，非止為賢與孝也，以遠辱也。

早起

新婦於公姑未起前，先須早起梳洗，要快捷不可遲鈍。俟公姑一起身，即往問安萬福⑦。至三食須自手整理⑧，不可高坐，聽眾婢爲之，至臨吃時，則須早立在旁，待坐同吃，萬不呆要人呼喚。阿姑等待不來，胸中必不快也，就有小恙，還須勉強起。若高臥不來，阿姑令人搬湯食，又費一番心曲矣。晚上如翁在家，即請早退歸房，靜靜做女紅，不宜睡太早。如翁不在家，直候姑睡後，安置歸房。

舉家門戶啓閉，自有公姑主持，不須新婦措意⑨。但自己房門無論夫在不在，一進房後，即須緊緊拴下。若夫在姑處，未來，仍令婢女守門，一叩即開，不可睡云。若夫不在家，有人叩門，此必姑有所命也。響朗問明，方始開之。如姑有召，速整衣而也。毋遲時刻，其行仍以伴以火⑩。

有過

人非聖人，不能無過，況新婦乎？新婦偶然有失，蒙公姑丈夫譴責，便當欣然受之，云我不是，我就改。則不惟前過無害，後且增一善矣。若橫爭我是，得罪公姑丈夫，是一小過未完，而又增數大罪，愚之甚也。

或被人讒謗，有冤抑處，亦須緩緩辨晰，不可過於爭論。如一時難白，即付之不辨，久當自明。古人也云：「止謗莫如自修。」⑪最爲善處之法。

妝飾

婦人德言功容。容止端莊。非云粉白黛綠也⑫。固不可隨俗豔妝，亦不宜亂頭垢穢。在家布衣整潔，出外櫛沐清鮮⑬。立必擁面，行必屛人⑭，此不易之程也。但衣妝鬢髻，各家風尙不同，又宜請教於姑，隨其指示。然甯不及時，毋過時，要於淨潔中，常存補素之意，不失大家舉止。

孝姑

視姑當如視母，則孝心油然而生，方從性命中流出，不是體面好看。但事姑事母，作用處微有不同。母可徑情⑮，姑須曲體⑯。凡事姑。須在姑未言處，體貼奉行。若姑一出口，爲婦都例有三分不是，蓋姑不得已而發於言，原欲媳之默喻⑰，此姑之慈也。與母之開口便說，正自迴異。

新婦事姑，不可時刻離左右。姑未冷，先進衣；未饑，先進食。姑慍亦慍，姑喜亦喜。姑有怒，婦寬之；如大怒，則婦亦怒。姑有憂，婦解之；如大憂，則婦亦憂矣。至姑責備新婦處，只認自不是，不必多辯，罵也上前，打也上前，陪奉笑顏，把搔背癢，無非要得其歡心。彼事君者，尙曰：「媚於一人。」⑱況婦事姑乎！非是諂曲，道當然也。

凡事姑翁敬，款客豐，待下慈，治家勤儉，此即新婦之師，奉之不暇⑲，尙敢悖戾乎⑳？即有形跡中不盡合者，必系老成人㉑，別有所見，隨時處中。爲新婦者，

一以順爲正，如略懷斟酌，即失之遠矣。

其或姑有蕩佚非僻㉒，放於繩檢之處者㉓，新婦嚴憚自守㉔，不在忤逆之例。

敬丈夫

夫者天也，一生須守一敬字。新畢姻時㉕，一見丈夫，遠遠便須立起。若晏然坐大㉖，此驕倨無禮之婦也。稍緩語言後，則須尊稱之，如「相公」、「官人」之類，不可云「爾」、「汝」也。如「爾」、「汝」忘形，則夫婦之倫狎矣㉗。凡授食奉茗，必雙手恭擎，有舉案齊眉之風㉘。未寒，進衣；未饑，進食。有書藏室者，必時檢視，勿爲塵封，親友書箚，必淺識而進閱之。

每晨必相禮。夫自遠出歸，繇隔宿以上㉙，皆雙禮，皆婦先之。

凡少年喜讀書者，必有奇情豪氣，尤非兒女子所知。或登山臨水，憑高賦詩；或典衣沽酒，剪燭論文；或縱談聚友；或座挾妓女。皆是才情所寄，一須順適，不得違拗。但數種中，或有不善處㉚，則宜婉規，亦不得聒聒多口耳㉛。

丈夫在館不是，此是攻苦讀書處，不可常寄信問候，以亂其心。若身有小恙，亦不可令知，只云安好，所以勉其成學也。彼知或數歸，即芫思廢業矣。若母家及親戚有饋遺時，亦須全送阿姑處，待姑云拿幾許致館中，方如數送去。

丈夫有說妻不是處，畢竟讀書人明理，畢竟是夫之愛妻，難得難得。凡爲婦人，豈可不虛心受教耶？須婉

言謝之，速即改之。以後見丈夫，輒云我有失否？千萬教我。彼自然盡言，德必日進。若強肆折辯，及高聲爭鬥，則惡名歸於婦人矣，於丈夫何損。

丈夫或一時未達，此不得意之以歲計者也；或一事小拂，此不得意之以日計者也。爲妻者，宜爲好語勸諭之，勿增慨歎，以助鬱抑；勿加誚讓，以致憤激㉜。但當愉愉煦煦㉝，云吾夫自有好日，自有人諒㉞。方爲賢妻如對良友也。其或一時闕乏，竭力典質措辦。勿待其言，勿令其知。

丈夫未達，有不快意處，要勸慰之，鼓其上進之氣。既達，有得意處，要戒勉之，淡其榮利之心。且常常想未遇時，回頭是岸㉟，須存厚道。蓋富貴戲場，不能保久在也。至果報輪迴之說㊱，不可不信，信則慈念易起。但尼僧往來，無端施與，俱非功德。唯恤親友之貧，待下人之慈，救人急難，解人冤抑（蔥菜轎夫舟子輩，價值略寬，等頭銀水好看些㊲），此眞修行也。

———〔清〕陸圻《新婦譜》節選

題 解

本篇選自《香豔叢書》第三集。作者陸圻（1613-？），清詩人，字麗京，一字景宣，號講山，浙江錢塘（今杭州）人。明貢生。入清不仕，曾走海上參義軍，後隱居行醫，受累於莊廷鑨之獄，輸金得免。恥於苟全，遂於康熙六年（1667）棄家爲僧，往廣東丹霞山，不知所終。圻與弟培齊名，號「三陸」，又與陳子龍結登樓社，朱彝尊譽以之爲「名德足重」，推爲當時「風雅領袖」（《明詩紀事》）。著有《威鳳

堂文集》、《詩集》，生平事跡見《清史列傳》卷七〇、《清史稿》卷四八四。《新婦譜》是他嫁女時，贈給女兒的特殊禮物，重點講了新媳婦入婆家門後，應該如何孝敬公公婆婆，事奉丈夫，結人接物。學會當家作主婦等事宜。其中雖不乏封建意識，如要求新媳婦一味順從，甚至丈夫「娶婢買妾宜聽從」，並且還要「待之有禮」，這樣才堪稱「賢淑」，這些要求距離今天的時代就相差太遠了。但總體說來，其中所強調的孝敬長輩，尊重丈夫，和睦處世，勤儉治家、善待下人等主張，體現了中國婦女的優良傳統，不僅有認識價值亦有借鑒意義。

注釋

①伊：代指出嫁的閨女。

②乘間：趁空，鑽空子。《漢書·趙充國傳》：「內不損威武之重，外不令虜得乘間之勢。」

③不敢伸眉：此指低聲下氣，恭恭敬敬。

④不敢使氣：不能任性，要委曲求全。

⑤妄：亂。

⑥侍：依賴，依靠。

⑦萬福：祝頌之詞。婦女相見行禮，常口稱「萬福」。

⑧三食：即一日三餐。

⑨措意：注意，著意。

⑩伴：夥伴。火：燭火。

⑪引語出王暢《戒子書》。

⑫粉白黛綠：指擦粉描眉。

⑬櫛沐：指梳頭洗面。《隋書·楊伯醜傳》：「行體垢穢，未嘗櫛沐。」

⑭擁面：以巾飾遮面。屏：回避，退避。

⑮徑情：直接請求。

⑯曲體：委曲變通，從旁體察。

⑰默喻：暗中體會。

⑱事君：侍奉國君。

⑲奉：遵循，遵守。

⑳悖戾：違反，背離。

㉑老成人：年高有德之人。《詩經·大雅·蕩》：「雖無老成人，尚有
典刑。」

㉒蕩佚：擺脫世務，自求安逸。非僻：誹謗抵毀，偏積乖違。

㉓放：恣縱放任。繩檢：約束。

㉔嚴憚：畏懼之極。

㉕畢姻：完婚。

㉖晏然：舒適安逸。坐大：自以為了不起。

㉗狎：指過於親溺，動作放肆。

㉘舉案齊眉：後漢梁鴻隱居避患，寄居人廊屋下，為人舂米。每次回
家，妻子孟光將食案舉到齊眉高處，送到他面前。見《後漢書·梁鴻
傳》。後喻妻子敬愛丈夫或夫妻互敬互愛。

㉙䌛（ㄧㄡˊ）：通「遊」。

㉚衛生：猶養生。陶淵明《形影神》詩：「存生不可言，衛生每若拙。」

㉛聒聒（ㄍㄨㄛ）：多言貌。

㉜誚讓：譏誚譴責。

㉝愉愉：和顏悅色。煦煦：溫和歡樂貌。《論語·鄉黨》：「私覿，愉
愉如也。」東方朔《非有先生論》：「故卑身賤體，說色微辭，愉愉
煦煦，終無益於主上之治。」

㉞諒：信任。《詩經·唐風·柏冊》：「母也天只，不諒人只。」

㉟回頭是岸：佛教用語，意謂覺悟之後，即能登上彼岸，獲得超度。後
　用來比喻改過自新。

㊱果報：即因果報應。根據佛教輪迴的說法，善因得善果，惡因得惡
　果。輪迴：佛教名詞，佛教認為人生各依所作善惡業因，一直在所謂
　六道（天、人、阿修羅、地獄、餓鬼、畜生）中生死相續，升沈不
　定，有如車輪的旋轉不停，故稱輪迴，亦稱六道輪迴。

㊲等頭：猶言等閒，即尋常、隨便。銀水：細碎銀子。

翻　譯

做得起

　　近來風氣有不懂道理之處，閨女出嫁，一定要她做得
起。問什以叫做得起呢？那就是要使公公婆婆奉承她，丈夫
畏懼她，家人都不敢違背她的意志。真是如此，那一定是一
個極無禮的婦人。公公婆婆一定會生氣，丈夫一定會記恨，
家人僕婢等一定會埋怨。並趁機挑撥是非。親戚朋友都把她
視為怪物，什麼人會尊敬她呢？同鄉同族的鄉親們聽說後，
都以她的舉止作為警戒。那麼社會上認為的「做得起」，正是
做不起，不該做。我現在有一個做得起的辦法，那就是先要
做不起。待奉公婆要低聲下氣，恭恭敬敬；對待丈夫要委曲
求全，不能任性；招呼僕婢不亂加呵斥，無故懲罰；為人處
世只是小心謹慎。這樣公婆丈夫都喜歡她，她就的話也會聽
從；僕婢們都由衷喜愛她而生尊敬之心。凡有使喚之處，都
會高高興興去做。同鄉同族的鄉親們也會經常誇獎她，並把
她的行為作為鄉人效法的榜樣。我所說的這種做不起，才是
真正的做得起。

得歡心

　　新媳婦的依靠無非就是公婆丈夫三人而已，因此對待這三人必須想方設法獲得他們的歡心。不能有一絲一毫的觸犯而讓他們生氣。如果公婆不喜歡，丈夫不愛，那麼人就會說你不賢慧。對不賢慧之人，僕婢下人都要仗勢欺凌，從此說話沒有人聽，凡事都無法推行。所以媳婦好好侍奉公婆丈夫，不止是賢慧和孝敬，自己還遠離受侮辱的境地。

早起

　　新媳婦在公婆未起床之前，就要先起床梳洗，並要手腳快捷不遲鈍，等公婆一起身，就要問安問好。一日三餐必須自己親手製作，不能高坐一旁，聽任僕婢們去做。要吃飯時，必須早早站立在旁，侍候公婆，與公婆同吃，萬不可要人呼喚。婆婆在桌邊等待，媳婦遲遲不來，心裡一定不高興。就是自己有點不舒服，也要勉強堅持。如果睡在床上不動，婆婆叫人把湯飯搬到床前，又要費一番心思。晚上如果公公在家，可早早請安後退回自己房間，靜靜地做針線活，不宜睡得太早。如果公公不在家，就一直等婆婆睡後，一切安置妥當再回房休息。

門戶

　　全家的總門戶何時開何時關，自有公婆主持，新媳婦可以不在意，但自己房門無論丈夫在不在一進房間後，就要緊緊拴好。若丈夫在婆婆那邊，沒有過來，就讓婢女守在門邊，丈夫一敲就打開，不要自己就去睡覺了。若丈夫不在家，有人敲門，一定是婆婆有什麼事，要提高嗓門問清楚，然後再開門。如果婆婆召喚，立即整衣出門，不要拖延時間。出門自然要有人陪伴，有燭火照明。

有過

　　人不是聖人，不能沒有過錯，何況是新媳婦呢？新媳婦偶然有失，遭到公婆丈夫的責備，應當欣然接受，說：「是我不對，我馬上改正。」這樣不僅前面的過失沒關係，反而事後又增添一個優點。如果硬要爭辯說自己是對的，得罪了公婆丈夫，那麼一個小過錯還沒結束，又增加數項大罪過，這是最愚笨的人了。

　　或者是被人誹謗，自己有冤枉委屈之處，也必須慢慢解釋清楚，不可激烈爭論。如果一下子難以說清，就放下此事，不再辨白，時間久了，自然就明白了。古人說：「制止誹謗不如加強自我修養。」這是最好的為人處世方法。

妝飾

　　婦女有婦德、婦言、婦功、婦容四德。形容舉止端莊，並不是指擦粉描眉之類，打扮固然不可起時髦濃妝豔抹，但也不宜蓬頭垢面，邋邋遢遢。在家裡穿著要樸素整潔。外出要特意梳洗收拾乾淨。站立時要用頭巾遮住面孔，行走時一定要注意迴避他人，這是很容易做到的。只是在穿衣打扮梳洗等方面，各家習慣不同，應該向婆婆多請教，按婆婆的指示辦，但寧願趕不上時髦，也不要過於時髦，要在乾淨整齊中，顯示出大方樸素之意，這樣才不失大家閨秀的風範。

孝敬婆婆

　　看待婆婆像看待自己的母親，那麼孝心就會自然而生，從心底深處流出，而不是為了體面好看。但是對待婆婆和對待母親的方式方法略有不同，母親面前可以盡性，對婆婆則要委屈變通，從旁體察，凡是侍奉婆婆，要在婆婆還沒有說出口的時候就體察侍候行動了，如等婆婆說出口，當媳婦的就先有三分不是了。婆婆也是不得已才說出來，原本想等媳

婦暗暗體會，這是婆婆的仁慈之心。這與對待母親想到什麼就開口說什麼，也有很大差異。

新媳婦侍奉婆婆，不可有一時半刻離開身旁。婆婆沒說冷，就應先遞衣服，沒說餓，就送食物。婆婆生氣，自己跟著生氣；婆婆高興，自己跟著高興。婆婆有不高興處，媳婦要設法寬慰，如婆婆真的很生氣，媳婦也要跟著生氣。婆婆有憂愁，媳婦要設法化解；如婆婆有大憂愁。媳婦也要跟著發愁。至於婆婆責備新媳婦，媳婦只能承認自己不對，不多加辨解，婆婆罵就聽著，婆婆打就忍著。隨時陪笑臉侍奉在旁，捶背搔癢，無非是討婆婆歡心。那些侍奉國君的臣子，還說什麼：「要向一個人討好獻媚。」何況媳婦信奉婆婆呢！這不是諂媚曲從，道理就是這樣的。

凡恭敬地侍奉公公婆婆，豐盛地招待賓客，仁慈地對待下人，治家又勤儉，這些都是新媳婦的榜樣。遵守這些規矩，學習這些榜樣尚且來不及，哪裡敢違背呢？即使有的人行為有自己不能理解之處，如果是年高德重之人，他們有自己的見解行為主張，當媳婦的也要完全以順從作為自己言行的準則，如果心有一點點懷疑，那行為就差遠了。

如果有的當婆婆的行為乖張，自求安逸，有誹謗詆毀之言，行為恣縱放任，不受禮法約束，當新媳婦的要懷極大的畏懼之心堅守自己的節操。這不算是對婆婆不孝順。

尊敬丈夫

丈夫是媳婦的天，一生必須守一個敬字。剛完婚時，見到丈夫，遠遠就要站起身。若自由自在以為自己了不起，這是驕傲無禮的表現。接觸一段時間後，必須用尊稱稱呼丈夫，如「相公」、「官人」之類，不能說「爾」、「汝」等。

如果用「爾」、「汝」相稱，顯得太隨便，夫婦之間太輕率了。凡給丈夫送茶送飯，一定要雙手遞上，有古代舉案齊眉的遺風。天未寒就給丈夫加衣，未饑就給丈夫送食物。收藏在屋中的書籍，一定要不時檢查，不要讓灰塵鋪滿。親戚朋友來信，一定先過目，再交給丈夫閱讀。

每天早晨一定要給丈夫行禮。丈夫出遠門歸來，外出遊學兩晝夜以上，相見時都要行雙禮，並且都應該婦人先行禮。

凡是年輕時喜歡讀書的人，一定有奇情豪氣，這是一般女子所不能瞭解的。或者登山臨水，憑高賦詩。或者典當衣物換酒，與朋友對燭論文，高談闊論，口若懸河，或者聽歌女演唱，風流調情。這些皆是才情的表現，婦人要完全順從適應，不要違拗丈夫的意志。但以上種種表現，如有影響養身之道，對健康不利之處，應該委婉規勸，但不要嘮嘮叨叨絮聒不已。

丈夫在學館不回家，這正是他在刻苦讀書之時，婦人不可常寄信問候，以免干擾丈夫。如自己身體略有不舒服，也不可讓丈夫知道。只能報平安，說一切都安好。這樣才能勉勵丈夫一心向學。如果丈夫知道家中有事，經常回家，就會影響他的思考，以致荒廢他的學業。如果娘家或親戚送來物品，一定要全送到婆婆那裡，等婆婆說拿一些去學館給丈夫，再如數送去。

丈夫有時指出妻子的不對之處，畢竟是讀書人明白道理，畢竟是丈夫愛自己的妻子，這是很難得的，作為妻子，哪裡能不虛心接受指教呢？一定要婉言感謝丈夫的關心，並且立即改正。以後再見丈夫，要經常問丈夫：「我有沒有過

失？請您千萬要教我。」丈夫自然會把他的看法全部說出來，妻子的德行就會一天比一天長進。如果有過失還強調奪理，大聲爭辨，甚至大吵大鬧，爭鬥不休，那麼壞名聲自然落到婦人頭上，錯誤並不在丈夫一方。

丈夫或者一時未能顯達，這樣失意失落感要以年計算；或者因一事而不順心，這種失意失落感是以天計算。作為妻子，應該好言好語勸告開導他，不要自己也抱怨歎息，使丈夫更加憂鬱壓抑；更不要對丈夫譏嘲責備，讓丈夫生氣激動。只應當溫柔寬容、和顏悅色地說：「我的丈夫自有出頭之日，終會有人信任。」這才是賢慧的妻子如同對自己好朋友一樣的正確作法。或者丈夫一時有經濟上的困難，妻子應該盡力典當物品，籌集資金，不要等丈夫開口，也不要讓丈夫知道錢是典當物品來的。

丈夫沒有顯達時，有不高興之處，妻子要勸告安慰，給丈夫的上進心鼓氣加油。丈夫已經顯達，言行中有得意滿足之處，妻子要告誡勉勵他，讓丈夫爭名奪利之心淡薄下來。讓他常常想想自己沒有遇到賞識自己的上司時的窘況，大徹大悟，改過自新，常存厚道之心。富貴之鄉如戲場，不能保證自己長久在其中。至於因果報應，六世輪迴之說，不可不信，只要相信這些說法，仁慈的念頭就容易產生。但是與和尚尼姑往來，沒有理由就施捨贈與，這並不是積功德。只有體恤貧窮的親友，仁慈地對待下人，救人於急難之中，解人於冤屈之中（對那些賣菜的、抬轎子的、拉船的苦工之類，施捨應更大方些，隨手給點零碎銀子），這才是真正的行善積德。

做一個有識見的婦人

抱子

　　凡生養子女，固不可不愛惜，亦不可過於愛惜，愛惜太過，則愛之適所以害之矣。小兒初生，勿勤抱持，裹而團置之，聽其啼哭可也。醫云：小兒頓足啼哭，所以宣達胎滯①，無須憐惜。乳飲有節，日不過三次。夜至雞將鳴，飲一次。衣用稀布，甯薄毋厚，乃所以安之也。語云：若要小兒安，常帶三分饑與寒。蓋孩提家，一團元氣②，與後天斵喪者不同③，十分飽煖，反生疾病，此易曉也。珠帽繡衣等物，切不可令著身。無論非從樸之道，而珠帽誨盜④，繡衣裹溺⑤，稍明理者，必不當墮此陋習矣。滿月拿周⑥，即是慶生張本，並須從簡。男子生三月髻⑦，女一月髻，父命之禮如是止矣，受賀饗客何為耶⑧？

勤儉

　　勤儉乃治家之一。為讀書人婦，尤要講究。每見人家丈夫，姿稟絕勝⑨。往往其妻好佚妄用，家計日落，時不勝內顧之憂⑩，並學業亦廢者有之。語云：「家貧思賢妻。」⑪此至言也。內外之事，並須細心綜理。寬而不馳，方合中道。雖新婦無預外事，而今日房中之人，即他日受代當家之人，故須預習勤儉。為新婦貪懶

好閑，多費妄用，養成習氣，異日一時難變矣。戒之戒之！

凡家裡要做事務，並須及早趲完⑫。蓋先時則暇豫⑬，後時則忙促，忙促則難爲力，暇豫則易爲功⑭。先之勞之，爲國之經，亦治家之經也。無事切勿妄用一文，凡物須留盈餘，以待不時之需。隨手用盡，俗語所謂眼前花⑮，此大病也。家雖富厚，常要守分，甘淡泊，喜布素，見世間珍寶錦繪，及一切新奇美好之物，若不干我事，方是有識見婦人。

有料理有收拾

凡物要有收拾，凡事要有料理，此又是勤儉中最吃緊工夫。苟無收拾沒料理，縱使極勤極儉，其實與不勤儉同。正如讀書人，唯讀死書，了無用處了。但謂收拾料理之法，亦非言說可盡，皆在新婦自己心上做出，唯用意深詳者爲得之。蓋凡事虛心訪求，只管要好，便有無窮學問。雖如日月飲食，煮粥煮飯，至庸至易，愚不肖咸與知能，苟求其至，亦自有精細工夫，況進而上之道理，原自無窮，而可鹵莽滅裂乎⑯？亦如讀書人，作文愈造愈妙，更無底止。新婦維能不自是，而處處用心，則做人作家，俱臻上乘矣。

——〔清〕陳確《新婦譜補》節選

題　解

本篇選自《香豔叢書》第三集。作者陳確（1604-1677），清代學者，詩文家，字乾初，浙江海寧人。明諸生，與黃宗

羲等從學於劉宗周。明亡後，堅持氣節，不化新朝，居家講學，奉慎獨之說，躬行實踐。晚年因病，足不出戶十五年。其學不囿成說，敢於立異，反朱熹「存天理，滅人欲」之論，其詩文清真大雅，寄託遙深。所著《新婦譜補》，意在補陸圻《新婦譜》未盡事宜，論述了新嫁娘入婆家門後，應遵禮儀，守規矩，和妯娌，善待下人，持家育兒等。此選三則，講述養育小兒、勤儉持家、有料理有收拾的道理，如敘家常，娓娓道來，親切有味。其中如「若要小兒安，常帶三分饑與寒」、「家貧思賢妻」、「凡物須留贏餘，以待不時之需」、「凡物要有由收拾，凡事要有料理」等，既是日常生活的細節，又是居家過日子應該遵循的準則。特別是講到對子女「不可過於愛惜，愛惜太過，則愛之適所以害之」的道理，對當前獨生子女的培養教育有著現實意義。

注釋

①宣達：宣泄通達。胎滯：胎中所沈積凝塞之處。

②元氣：人的精神，生命的本源，此指初生小兒生命力旺盛。

③斫（ㄓㄨˊ）：劈、砍。斫喪者：指因受傷而臨近死亡之人。

④誨盜：引誘人犯偷竊之罪。《易經·繫辭上》：「慢藏誨盜，治容誨淫。」

⑤裹溺：繡衣包，令人窒息。

⑥拿周：指民間於小兒滿周歲時舉行的「抓周」儀式。

⑦鬌（ㄉㄨㄛˇ）古代小兒剪髮時下的頭髮。《禮記·內則》：「三月之本，擇日剪髮為鬌。」《疏》：「三月剪髮，所留不剪者謂之鬌。」

⑧饗客：用酒食款待客人。

⑨姿稟：天資稟性，指天賦予人的品性資質。

⑩不勝：不堪，不能忍受。

⑪司馬遷《史記》卷四十四〈魏世家第十四〉：「家貧則思良妻，國亂則思良相。」

⑫趨（ㄘㄨ）：趕、加快。

⑬暇豫：悠閒逸樂。

⑭力、功：此皆指勞績，成效。

⑮眼前花：元劉秉忠《藏春集》卷五：「功名眉上鎖，富貴眼前花。」

⑯鹵莽滅裂：指輕率敗事。

翻譯

抱子

　　凡是生育撫養子女，當然不能不愛惜，但也可過於愛惜，愛惜太過頭，那麼這種愛正好是害子女的原由。小兒初生，不要頻繁去抱他，把他裹好放在床上，任他啼哭是可以的。醫生說：小兒踢腳大聲哭，是在宣泄從娘胎中帶出的沈滯之氣，不必去憐惜。給小兒餵奶也要有節制，每天不過三次。夜晚在雞要叫、天要將亮時，可以餵一次，小兒衣服要用粗布，寧可薄也不能厚。這樣才能讓他安寧。俗語說：若要小兒安，常帶三分饑與寒。大概因為小孩子生命力正旺盛，與後天受了傷快要死的人不同。太過於飽暖，反而會生病，這個道理是容易懂的。珠帽繡花衣服等，切不可讓小兒穿，還不用說這不符合樸素的原則，只說小兒戴珠帽容易引誘人犯偷盜之罪，小兒穿繡花衣容易被裹其中窒息而死，稍微懂道理的人，都一定不遵從這個習俗。小兒滿月滿周歲，是慶賀他出生長大，儀式應該從簡。男孩子三個月時剪髮，女孩子一個月剪髮，作為父親應遵循的禮節做到這個就足夠

了。大擺宴席，接受賀禮，招待賓客又何必呢？

勤儉

　　勤儉是治家的根本所在，給讀書人當妻子，更要講究這一點。常常見別人家的丈夫，天生資質品性非常好，但往往家有妻子好逸惡勞、亂用錢財，導致家計日落，丈夫常不堪家庭內的困擾，以致學業荒廢。俗話說：「家貧思賢妻。」這真是至理名言。婦人對家內家外的事都需要細心綜合治理，寬鬆而又不鬆馳，這才符合治家的原則。雖然新媳婦不用干預外邊之事，但今日處於閨房之內，以後則要代替當家之人，所以必須要預先養成勤儉的習慣。當媳婦就好吃懶做，遊手好閒，浪費財物，若養成習氣，以後一下子就難以改變了，一定要以此為戒。

　　凡是家裡要做的事，都須及早趕快做完。如先時悠閒逸樂，那麼後時就會忙亂倉促，忙亂倉促是難以做好事情的。做事時保持悠閒逸樂的心情，倒容易做出成效。勞累在前，悠閒在後，這是治國的道理，也是治家的道理。無事切勿亂花一分錢！凡東西都須留有餘地，以備不時之需。如隨手用盡，正如俗話所說：「眼前花。」這是一個大毛病。家庭雖然財產豐厚，但日常生活要本份，甘於淡泊，新奇美好之物，就像不關自己的事一樣，那才是有識見的婦人。

有料理有收拾

　　凡物要有收拾，凡事要有料理。這在勤儉持家中是最重要的道理。如果無收拾沒料理，縱使極勤極儉，其實也和不勤儉相同。正如讀書人，只知讀死書，一點兒實際用處也沒有。只是這收拾料理的方法，不是語言能說清楚的，要靠新媳婦自己用心仔細體會，只有用心用意認真考慮的人才能有

收穫。大概凡事虛心訪求，只管做是最好，這裡面便有無窮
學問。雖然像天天吃飯喝水煮飯煮粥這種最平常最容易的
事，愚笨和品性不好的人都懂並且都會做；但如果要做得
好，要達到高水準，其中自有精細之處。何況越向前越上進
的道理，原本就是無窮無盡的，哪能輕率敗事呢？就如讀書
人一樣，文章越作越巧越妙，是沒有止境的。新媳婦只要能
不自以為是，而處處用心體會，那麼無論做人還是理家，都
會達到高境界，高水準。

婦女撐持家務
辛苦甚於男子

　　《詩》首河洲之詠，化始閨門①，《易》占中饋之
文，義垂壼內②。歷觀彤管，咸誦女宗③。載繹絪編④，
群推婦順。但問室人之賢否，因知家道之廢興。蓋丈夫
志在四方，惟在細群良淑⑤；即開門事有七件⑥，孰非健
婦撐持？奉舅姑而養志，承歡瀡髓之中⑦；助夫子以成
名，戒旦雞鳴之候⑧。內而諸姑伯姊，人人務得其心；
外而姻婭宗親，在在宜將其禮⑨。貧能安分，井臼自必
晨操⑩；火可乞鄰，機杼何妨夜織⑪。從古賢人伉儷，恒
多憔悴姬姜⑫。仲孺床頭，臥牛衣而隕涕⑬；伯鸞廡下，
舉鴻案以增悲⑭。況乎集蓼茹荼⑮，尤且和熊畫荻⑯。柔
腸百結，方看蘭芷之馨⑰；勁質千磨，永矢柏舟之操⑱。
是則閨閫之艱苦，倍甚於夫男；所以女士之徽音⑲，獨
隆於今古。若乃不諳操作⑳，惟知飲噉為工㉑；未解柔
嘉，只以勃谿是尚㉒。塗脂抹粉，年年寺院狐遊㉓；拍案
捶胸，日日河東獅吼㉔。似此承祧無狀㉕，必將嗣育非良
㉖。宜援七出之條，以正三從之道㉗。

　　　　　　　——〔清〕鍾于序《宗規·飭女婦》

題　解

本篇選自《昭代叢書·丙集》。作者鍾于序（生卒年不

詳），字東澤，清代溧陽（今屬江蘇）人，康熙八年（1669）
舉人。所著《宗規》，分為「敦孝弟」、「敬尊長」、「和鄉
黨」、「飭女婦」、「務讀書」、「勤本業」、「崇節儉」、「急
官糧」、「禁賭博」、「戒充役」等十條，以垂訓子孫治理家
政。此條專述為婦之道，雖然仍宣揚傳統的婦女柔順之德，
對未解柔嘉的辣女子表示不屑；但又強調指出婦女在操持家
務方面付出了艱辛的勞動。文中用古代婦女相夫教子、和睦
親族、安貧守分、撐持家門的事例，說明「閨閫之艱苦，倍
甚於夫男」，認為「女士之徽音，獨隆於今古」，對婦女在家
務勞動上作出的貢獻持肯定和讚美的態度，這是難能可貴
的。文章用駢儷的形式寫成，用典顯豁，行文流暢。

注 釋

①河洲之詠：即《詩經·周南·關雎》：「關關雎鳩，在河之洲，窈窕
淑女，君子好逑。」毛《傳》：「《關雎》，后妃之德也，風之始也，
所以風天下而正夫婦也。」
②中饋之文：即《易經·家人》：「無攸遂，在中饋。」中饋：指婦女
在家主持飲食之事。壼（ㄎㄨㄣ）內：宮中道路，引申指宮內，此泛指婦
女。
③彤管：原指紅色筆管的筆，此用以代指女史記事。《詩經·邶風·靜
女》：「靜女其變，貽我彤管。」毛《傳》：「古者後夫人必有女史
彤管之法。」鄭《箋》：「彤管，筆赤管也。」後稱女史記事所用的
赤管筆為「彤管」，記載宮閫起居事的女官為「彤史」。女宗：女性模
範人物。
④載繹紳編：概指各種書籍。繹：絲織品。紳：淺黃色的絲。編：串聯
竹簡的皮簡或繩子。《漢書·儒林傳》：「（孔子）蓋晚而好《易》，

讀之，韋編三絕而為之傳。」注：「編，所以連次簡也。」後世謂一
部書或書的一部分為一編。

⑤細君：古時諸侯的妻稱上君，也稱細君，後為妻的通稱。《漢書·東
方朔傳》：「歸遺細君，又何仁也？」韓愈《嶽陽樓別竇司直詩》：
「細君知蠶織，稚子已能餉。」

⑥開門事有七件，指柴米油鹽醬醋茶七樣。

⑦瀹髓：當為「瀹瀡」。古代烹調方法，用植物澱粉拌和食品使其柔
滑，見《禮記·內則》，此代指烹飪。

⑧戒旦：告戒天將明。《詩經·鄭風·女曰雞鳴》：「女曰雞鳴，士曰
昧旦。」前人以為此為賢婦促夫之詞。

⑨在在；處處，到處。將：奉行，秉承。

⑩井臼：汲水春米，比喻操持家務。

⑪機杼：織布機。機以轉軸，杼以持緯。

⑫伉儷：古時多指嫡妻，後用作夫婦的通稱，此指妻子。姬姜：相傳炎
帝姓姜，黃帝姓姬；後來周王室姓姬，齊國姓姜；姬、姜兩姓常通婚
姻，因以為貴族婦女的美稱。《左傳·成公九年》引逸詩：「雖有姬
姜，無棄憔悴。」注：「姬姜，大國之女；憔悴，陋賤之人。」此云
「憔悴姬姜」，指勞累不堪的貴族婦女。

⑬仲孺：當作「仲卿」，指漢成帝時朝廷大臣王章。據《漢書·王章
傳》，章字仲卿，「初，章為諸生學長安，獨與妻居，章疾病，無
被，臥牛衣中，與妻決，涕泣。其妻呵怒之曰：『仲卿，京師尊貴，
在朝廷人，誰仲卿者？今疾病困餓厄，不自激卬，乃反涕泣，何鄙
也！』後章仕宦，歷位及為京兆。欲上封事，妻又止之曰：『人當知
足，獨不念牛衣中涕泣時邪？』」牛衣：為牛禦寒之物，如蓑衣之
類，以麻或草編成。

⑭伯鸞：指後漢人梁鴻。據《後漢書·梁鴻傳》，鴻字伯鸞，家貧，娶

孟氏女。「遂至吳，依大家伯通，居廡下，為人賃舂。每歸，妻為具食。不敢於鴻前仰視，舉案齊眉。」廡：堂下周圍的走廊，廊屋。

⑮集蓼（ㄌㄧㄠ）：比喻辛苦。《詩經·周頌·小毖》：「未堪家多難，予又集於蓼。」孔《疏》：「辛苦之菜，故雲又集於蓼，言辛苦也。」蓼：植物名，味辛辣。茹荼：亦比喻處境艱苦。茹：吃。荼：苦菜。

⑯和熊：唐柳仲郢少時好學，其母韓氏嘗和熊膽丸，使其夜咀嚼以助勤，見《新唐書·柳公綽傳》。畫荻：宋歐陽修四歲而孤，母鄭氏親教之學，家貧，不能具紙筆，以荻（蘆葦稈）畫地學寫字。見《宋史·歐陽修傳》。兩個都是古代賢母教子的典故。

⑰柔腸：指女性纏綿的情意。蘭芷：蘭草和白芷，皆香草。

⑱勁質：堅強正直的氣質。矢：誓。《詩經·衛風·考槃》：「獨寐寤言，永矢弗諼。」柏舟之操：《詩經·鄘風》有《柏舟》篇。《小序》謂衛世子共伯早死，父母欲迫其妻共姜改嫁，姜作詩以自誓。後稱婦喪夫為「柏舟之痛」，夫死不嫁為「柏舟之操」、「柏舟之節」。

⑲徽音：猶德音，即美好的聲譽。

⑳諳：熟悉。

㉑飲噉（ㄉㄢ）：吃喝。

㉒柔嘉：溫和而美善。《詩經·大雅·烝民》：「仲山甫之德，柔嘉維則。」勃谿：爭鬥。《莊子·外物》：「室無空虛，則婦姑勃谿。」陸德明《釋文》：「勃，爭也；谿，空也。司馬（彪）云：勃谿，反戾也。無虛空以容其私，則反戾共爭鬥也。」

㉓尚：崇尚，推崇。狐遊：狐性狡猾多疑，常以小伎倆迷惑人。此比喻妖豔不守本份好冶遊的婦女。

㉔河東獅吼：宋陳慥，字季常，妻柳氏，悍妒。蘇軾嘗以詩戲糙：「忽聞河東獅子吼，柱杖落手心茫然。」（見《分類東坡詩》卷十六《寄吳德仁兼簡陳季常》）河東為柳姓郡望。獅子吼，佛家以喻威嚴，見

《景德傳燈錄・釋迦牟尼佛》。陳好談佛，故軾借佛家語為戲。後遂泛
稱悍婦為河東獅，婦怒為河東獅吼。

㉕孫祧：承奉祖廟的祭祀。祧（ㄊㄧㄠ）：遠祖廟。無狀：言行醜惡無善
狀。

㉖嗣育：對後嗣子孫的撫育。

㉗七出：古代社會丈夫遺棄妻子的七種藉口：一無子、二淫佚、三不事
舅姑、四口舌、五盜竊、六妒忌、七惡疾。見《儀禮・喪服》「出妻
之子為母」孔穎達《疏》。

㉘三從：封建社會對婦女的教條，即幼從父兄，嫁從夫，夫死從子。見
《大戴禮記・本命》。

翻　譯

　　《詩經》第一首《關雎》，是婦女教化文章的開端；《易
經》有關婦女有家主持飲食之類的文字，為後世婦女的言行
規定了準則。遍觀歷代的女教女訓著作，都表彰頌揚那些女
性中的模範人物。所有這些書籍中，最為推崇的美德就是婦
女的柔順。只要問清楚婦人是否賢慧，就會知道這個家庭是
衰還是興旺。之所以男子漢大丈夫能志在四方，就在於妻子
的善良和賢淑。每家都有油鹽柴米醬醋茶等瑣碎家務，誰家
不是靠能幹的主婦來撐持呢？婦女要侍奉公婆，讓他們安度
晚年。要做精緻的飯菜，以討公婆歡心。婦女要相夫教子，
讓他們成名，就像《詩經・鄭風・女曰雞鳴》中那位女主人
告戒丈夫天將明快起床勞作一樣。在家庭內，各位姑姑、大
伯、姐妹等，都要讓他們滿意，討他們歡心；對家庭外的各
種親戚朋友，婦女也要處處講求禮節，不失禮貌。在貧困
時，婦女們要守住本份，每天早起親自操持家務；夜晚可向

鄰居們借火點燈紡紗織布。自古以來留有好名聲的賢良妻子，大多是那些處在困境中的貴族婦女。比如漢代王章的妻子，在王章處於只有牛衣禦寒的困難境地時，激勵他發奮努力；後漢人梁鴻貧困時，只能寄居在別人的房廊下，幫人舂米，他的妻子孟光每次給他送飯，都把飯具高舉到與眉毛齊高，對他非常恭敬。何況婦女一般都更能吃苦耐勞，尤其讓人感動的就是唐柳中郢的母親和熊膽丸讓其咀嚼以助其勤學和宋歐陽修的母親用蘆葦稈在地上畫以教子寫字的故事。女子有千迴百轉纏綿的情意，正可顯出蘭草白芷般的芳香和溫馨。同時也有能經受各種磨難的堅強的氣質，如果丈夫去世也永不改嫁。這樣看來，婦女們所經歷的艱苦，大大超過男子漢大丈夫，所以女子所具有的美好風範和聲譽，無論過去還是現在都非常突出。如果一個女子不懂得操持家務勞動，只知道大吃大喝；不懂溫柔善良，只知道吵鬧爭鬥。這樣的女子只會塗脂抹粉，喜歡到欺騙人的寺廟裡遊逛；遇事就拍桌子打巴掌，天天大吵大鬧。像這樣言行醜惡無善狀的人必定不能承繼祖業，在撫育後代子孫上也必然有不好的後果。對這樣的人應該援引「七出」的條目驅其出家門，用以端正「三從」的婦道。

孝其親　相其夫　教其子

　　有等媳婦，不能孝姑，而偏欲孝母，此正是不孝母也。事姑不孝，必貽母氏以惡名①，可謂孝母乎？蓋女在家。以母爲重。出嫁以姑爲重。今媳婦必欲盡孝於父母。亦有方略②，須先從孝敬公姑丈夫起。公既喜婦能教，必歸功於婦之父母，必加厚於婦之父母，丈夫既喜妻賢，必云非岳母賢淑，吾妻安得柔和。或夫家富貴，則必有潤澤及母家矣③，此則女之善孝其親也。

　　丈夫不事儒業者④，或居家營運、出外經商，俱是心血所成，勞四體以養妻子，爲婦者，必須知夫勞役，軫夫饑寒⑤，體恤隨順，方稱賢淑，家貧能撫恤慰勞，尤徵婦德⑥。若蕩子嫖賭，敗祖宗基業，必宜苦諫，至再至三不聽，則涕泣爭之。

　　媳婦之善相其夫者，第一要丈夫友愛。世之兄弟不友愛，其源多起於妯娌不和，丈夫各聽婦言，遂成參商⑦，此大患也。爲媳婦者，善處妯娌，惟在禮文遜讓。言語謙謹，有勞代之，有物分之，公姑見責，多方解要緊之務，先事指點。則彼自感德，妯娌輯睦矣。如我爲伯姆，彼爲叔娣，倘彼偶疾言遽色⑧，不堪相加。我歡然受之，不爭勝氣，不與回答，彼自愧悔，和好如初。其或公姑偏愛，多分物件與彼，切勿計量，只是相忘。或我富他貧。我貴他賤，皆須曲意下之⑨，周其不足⑩，不可稍有輕侮。若他富貴，我貧賤，亦宜謙卑委婉，不

可先存爾我之見。諸房子女。宜愛之如子。乳少者，助其乳，抱至膝上，常加笑容。己之子女，當令其敬伯母叔母一如親母，此要務也。

富貴之家，愛子過甚。子所欲得，無不曲從之。性既縱成，一往莫御⑪。小有拂逆、便肆咆哮，及至長大，恃強好勝，破敗家財，猶係小事，一切刑禍，從此致矣。爲父母者，亦曾慮及此乎？

子弟幼時，當教之以禮。禮不在精微，止在粗淺。如見尊長必作揖，經過坐必起立；長者呼召，即急趨之內門。長者問何人，對必以名，不可曰我曰吾者。之前，不可喧嚷致爭庭堂之中。不可放肆偃臥：凡事非僮僕所能爲者，必須爲父母代勞，不可推諉。略舉大端，不能遍指，宜觸類推廣。

童子幼年，不可衣之羅綺裘裳，恐啓其奢侈之心，長大不能改也。

——〔清〕唐彪《人生必讀書》節選

題解

本篇選自《五種遺觀·教女遺觀》（《四部備要》事）。作者唐彪（生卒不詳），字翼修，清初浙江蘭溪人。曾任會瓏，長興、仁和訓異。所著《人生必讀書》中，節選前代女訓女誡著作之精華，著重強調婦女需教孝親、相夫、教子，要循規蹈矩於忠孝節義之中，其中雖然封建氣息濃厚，但亦有一定道理，無論時代怎樣變化，尊敬長輩、體貼丈夫、友愛兄弟、教育子女都是婦女應該遵循的基本禮節。

注　釋

①貽：遺留。

②方略：計謀策略。

③潤澤：本指雨露滋潤草本，借喻對人施少恩惠。

④儒業：儒家之學業，此指讀書做學問。

⑤軫：痛念、顧念。

⑥徵：證明、證驗。

⑦參商：二星名，參星在西，商星在東，此出彼沒永不相見，比喻兄弟不睦。

⑧疾言遽色：言種神色相恭急躁。

⑨曲意下之：委曲己意而恭敬地奉承對方。

⑩周：周濟。

⑪御：抵擋、抗禦。

翻　譯

　　有這樣一種媳婦，不能孝敬婆婆，卻偏偏只想孝敬母親，這正是不孝敬母親的表現。對婆婆不孝順，必然會帶給母親壞名聲，可以說是孝母嗎？大凡女子在家，以母為重，出嫁後以婆婆為重。現在媳婦對父母盡孝，有一個策略，那就是先從孝敬公婆丈夫著手。公婆既然喜歡媳婦能孝順，必然歸功於媳婦的父母，必然增強與媳婦父母的感情。丈夫既然喜歡妻子賢慧，必定認為不是岳母賢淑，我的妻子哪能如此溫柔和順，有的丈夫家富貴，那麼必須會惠及到自己的父母家。這正是女兒善於孝敬父母。

　　丈夫如果不讀書做學問，而是在家營運，出外經商，這

都是用心血汗水辛勤勞動，用以贍養妻子兒女，作為媳婦，必須憐憫丈夫的辛勞，碩念丈夫的饑寒，對丈夫體貼順從，這才算賢淑。處於貧窮的家境中仍能對丈夫安撫慰勞，這尤其能證明婦人的德行。如果丈夫屬浪蕩嫖賭之人，敗度祖宗基業，一定要苦苦勸評。若二次、三次都不聽，那就用眼淚來打動他。

善子相夫的媳婦，第一是要丈夫友愛。世間凡不友愛的兄弟，大多數都起源於妯娌不和，丈夫各聽自己妻子的話，於是，兄弟間就像參星、商星一樣，各在一方，這是很大的禍患。作為媳婦，妥善處理好妯娌關係，關鍵在禮貌文明、謙讓、謙遜、言語謹慎，有重活自己代替妯娌做，有好東西應分給妯娌吃，公婆如有責怪，要想方設法勸解。有關要緊之處，要先給妯娌們指點。那麼她們自然會心存感激，妯娌之間會和睦相處的。如果自己身為伯母，對方是小叔子和媳婦，倘若對方偶而有言語粗暴神色急躁的表現，不堪忍受，自己也妥欣然受之，不和對方賭氣爭勝，不和對方計較，事後對方自然會慚愧後悔、和好如初。或者公公婆婆偏愛對方，多分物品給她，自己也切勿計較，就像沒這樣的事發生一樣。或者我富她貧，我貴他賤，那麼自己就要委屈自己，恭敬對待對方，她有不足之處妥及時周濟，不能一點點輕慢侮辱的意思。如果是她富貴，我貧賤，也要謙卑委婉，心中不能先存偏見。各位侄子侄女，應當像自己的孩子一樣愛護。對吃奶的嬰兒，要盡力幫助，常抱懷中，笑容相迎。自己的子女，應當教他們像對自己親生母親一樣孝敬伯母叔母，這是很重要的。

富貴人家，都特別愛兒子，兒子想要什麼，全都順從

他，這樣的性格一旦被嬌慣放縱，就什麼也抵擋不住。稍微有一點不如意，就會放肆大聲咆哮，等到長大後，仗勢欺人，爭強好勝，造成家庭破敗，這還是小事，更嚴重的觸犯刑法，造成大禍，都從小時候放縱開始。作為父母，是不是想到了這些嚴重後果呢？

　　子弟小時候，當教他們禮節禮貌，禮節不在於多麼精微，言行有一般的常識就行了。如見到長輩要作揖行禮，長者經過時自己若是坐著應該站起身，長者呼喚要起緊跑上前；無論在家內家外，長者面前不能大聲喧嘩叫嚷爭吵，廳堂之中不能放肆橫臥睡躺；凡不能讓僕婢們做的事，自己要為父母代勞，不能推給別人等等。略舉這些，不能全部提到，自己應當舉一反三，觸類旁通。

　　孩子小時候不能給他穿絲綢緞衣服和皮襖之類，主要是耽心會滋長他奢侈的心思，長大就不能改了。

婦人當明三從四德
婚嫁不宜誇奢鬥靡

　　婦人女子，明三從四德者①，十無一二。在父母膝下，性情自任，於歸之後②，便見賢愚。貧家婦女，紡織炊爨③，井臼農莊④，事姑哺兒，勤勞終日。獨是富貴女子，在室受雙親之庇，出嫁享夫家之安；高堂大廈，飲食多美味時鮮，穿戴皆綾羅珠翠，兒女有乳媼抱領，針線有婢妾應承，家務從不經心，釀成驕傲之性。惟知妝飾一身，求全責備。竟不知米從稻出，絲自蠶抽，視錢財如糞土，以物命為草芥。那管夫家經商者，有操心籌算；作宦者，有仕路艱難，若性質淳浪者，尙聽公姑之訓，丈夫之言。有一等驕悍婦人，不知理法，不信果報⑤。公姑丈夫，開口便傷；侍妾婢女，終朝打罵，及至逼出事端。為丈夫者，顧惜體面，焉肯令妻出乖露醜，到底仍是丈夫抵當，竭力彌縫過去，及至事後，見兒女面前，姻親羅列，出遣不可，警戒不從。若以大義數責，彼反輕生恐嚇，又怕多事，惟有忍耐而已。愚謂經史女箴⑥，勸必不聽。惟有令人講解律例，並詞訟招詳⑦，某官審某事，某人犯某罪，使知婦女亦有罪條。王法不盡男子。而善惡報應之事，時時陳說，庶乎稍生畏懼，或可挽於萬一也。

　　世人於嫁女一事必誇奢鬥靡，苦費經營，往往有因

一嫁一娶，而大傷元氣者。事後追憶所費，其實正用處少，浮用處多。如富盛之家，必欲從厚，與其金珠溢篋，幣帛盈箱，綵轎兒筵，極一時之盛，何如佐以資本，代置莊田，爲彼後日之恒產乎？曾見有詩云：「婚姻幾見鬥奢華，金屋銀屏眾口誇，轉眼十年人事變，妝奩賣與別人家。」殊有深味。

又有不足之家，拘牽禮節，⑨男女俱已長成，或因賠贈無資，不肯允嫁；或因繁文無措，不敢親迎，坐使婚嫁愆期⑩，寧作曠夫怨女者。不思男女之情，室家之願，原以婚嫁及時爲幸。與其以儀文未備而待時，何如以遷就團圓而成事？況青春已屆，年忽一年；時事變遷，又焉保將來之果如吾意耶？又有產權僅中人，⑪效顰富室。⑫惟知六禮必周，⑬不計家資厚薄。或稱貸以備釵環，⑭或廢產以供花燭，迨至入門之後，向之繁文縟節，轉眼皆空；今之典借花銷，俱成實累。夫男女畢煙。原欲其續祖姊而大門閭⑮。若以一婚嫁之故，而累債耗家。雖有佳男佳婦，已苦於門戶無可支援，始悔前此浪費，則亦何益之有？

————〔清〕史典《願體集》節選

題 解

本篇選自《五種遺規·教女遺規》（《四部備要》本），作者史典（生卒年不詳），字摺臣，江南揚州人。其《願體集》主要記載居家涉世之事，重點強調男女要避嫌疑，處理好家庭中嫡庶關係等。此選兩段，一是強調婦人要遵從婦德婦道，不要任性放縱。尤其是富人家女子，不知生計艱難，養

成驕悍之氣，若勸告不聽，可多給其講解法律條款，以別人的犯罪事例告誡其改過自新。二是主張婚禮不要誇奢鬥靡，不要鋪張浪費。如果一味講求婚禮時的排場，甚至不計家產厚薄，借錢和別人比豪華奢移，為了婚禮耗盡家產，大傷元氣，婚後的日子就難以支援，就會後悔。這兩點都有現實意義，值得今人借鑒。

注 釋

①三從：幼從父兄，嫁從夫，夫死從子。見《大戴禮記‧本命》。四德：指婦德、婦言、婦容、婦功。見《禮記‧郊特牲》及《昏義》。

②於歸：出嫁。《詩經‧周南‧桃夭》：「之子于歸，宜其室家。」

③爨：炊事。

④井臼：名詞動用，指汲水舂米等農活。農莊：指田地裡的農活。

⑤果報：因果報應。

⑥經史女箴：指經書、史書和有關女訓著作。

⑦詞訟招詳：詳細地解說訴訟案件。招：供認罪行。

⑧恒產：指土地、房屋、田園等不動產。

⑨拘牽：束縛，牽制。

⑩愆期：誤期、失期。

⑪產權中人：家產中等的人家。

⑫效顰：《莊子‧天運》：「故西施痛心而顰其里，其里之醜人見而美之，歸亦捧心而顰其里。其里之富人見之，緊閉門而不出；貧人見之，挈妻子而去之走。彼顰美而不知顰之所以美。」顰：同「矉」，後指不善模仿，弄巧成拙為效顰。

⑬六禮：中國古代婚姻成立的手續步驟，即納彩（送禮求婚）、問名（詢問女方名字和出生日期）、納吉（送禮訂婚）、納徵（送聘禮），請

期（議定婚期）、親迎（新郎親自迎娶）。

⑭稱貸：向人借貸、借錢。

⑮姒：此指祖母和祖母輩向上的女性祖先。大門閭：光耀門庭。大：形
　容詞動用，光大。

翻　譯

　　婦人女子中懂得「三從四德」道理的人，不到百分之
一、二十。女孩子在娘家父母身邊時，無拘無束，性情自由
發展。出嫁之後，才能分辨出賢慧和愚笨。窮人家的女孩
子，要紡織做飯，挑水舂米，還要做農活。上要侍奉婆婆，
下要哺育兒女，終日忙碌，勤勞不已。只是那些富貴人家的
女孩子，在娘家時有父母寵愛，出嫁後又享夫家的福，住的
是高堂大廈，吃的是美味時鮮，穿的是綾羅綢緞，戴的是珠
寶翠玉。兒女有乳母照顧，針線活有婢女應承，從不管家
務，於是就養了驕傲的習氣。整日只知穿戴打份，唯恐少了
一件裝飾品，竟然不知米從稻出，絲自蠶抽，不知吃的穿的
經過多少辛勤勞動才能獲得，把錢財看成糞土，把物品當成
草芥，完全不知道珍惜。根本不理解若是夫家在經商，也有
操心籌算的苦惱；若是夫家在當官也有仕途坎坷艱難的煩
悶。這樣的女子如果是性格溫柔，心地淳樸善良，還能聽進
去公婆的訓誡、丈夫的勸告。更有一種驕傲強悍的婦人，不
懂道理、不懂法律、不信因果報應之說，對公婆丈夫是開口
就傷人，對待僕人是終日打罵不休，直到鬧出大事。作為丈
夫，要顧惜體面，不願意讓妻子丟臉露醜，最終只能自己出
面解決，竭力把矛盾遮掩過去。等到問題解決後，看在兒
女、親戚的面子上，休妻做不到、警告訓誡又不聽，如果用

大道理責罵她，她反而用自殺來威脅恐嚇人。丈夫怕多事，只有忍耐而已，我認為，用經書、史書、女訓之類的道理勸告，她不會聽，只有讓人給她講解法律條例，以及一些訴訟案件詳情，某官審問某事、某人犯了某罪，讓她明白婦人也要受法律約束，也有犯罪的可能，國家的法律並不只是針對男子。還有善惡報應的故事要時時給她講，這樣大概可讓她稍微有一點畏懼之心，也許可以挽救這些悍婦們。

　　一般的人在嫁女時往往愛誇耀奢侈，顯示自己富有，就想與人比賽誰的錢財多，費很多時間精力大肆講排場，結果往往因為婚嫁而大傷元氣。事後回憶花費的錢財，好多都沒有用到實處，往往浪費的多。如果有錢的人家一定要在兒女婚嫁時給予豐厚的禮品，那麼與其給滿筐的金銀珠寶、滿箱的錢幣絲綢，舉行盛大的結婚典禮、彩轎迎娶、宴席待客，搞得場面極盛大，還不如給女兒生產的資本，代他們購置田園地，作為他們今後生活、生產的依賴，這樣不是更好嗎？有詩云：「婚姻幾見鬥奢華，金屋銀屏眾人誇，轉眼十年人事變，妝奩賣與別人家。」其中的深意值得體會。

　　又有家產不富足的人家，因為禮節的約束，兒女長大成人後，或者因為沒錢作嫁妝，便不同意嫁女；或才因為不懂各種繁瑣的禮節，便不敢迎親，致使婚嫁誤期，兒女心中難免生怨。這樣的人家寧願兒女荒誤青春，也不體諒兒女的男女之情和成家的心願。本來婚嫁及時是幸事，與其因為禮節不周備就等待，何不如將就辦婚事好讓兒女團圓？何況青春有限，一年又一年，時光流逝，人事變化無常，哪裡能保證將來就能事事如意呢？又有中等產業的人家，盲目模仿富貴人家，只講婚嫁的禮節要周全，而不考慮自己的家產有多

少，或者借錢來置辦買齊玉釵金環之類的裝飾品，或者荒廢
家產來供應婚禮的需求。等到新媳婦入門後，婚前的一切繁
瑣奢華的禮節都成為過去，所借錢款才是實實在在的負擔。
男女成婚之後，原想他們繼承祖業，光耀門庭。如果因為婚
嫁的緣故造成負債累累，家產耗盡，雖有能幹的丈夫漂亮的
媳婦，但苦於已無可支撐門戶的資產，這才後悔前面不該浪
費，但為時已晚了。

女兒經要仔細聽
女兒聽了大聰明

大綱

女兒經，女兒經，女兒經要女兒聽。
第一件，習女德①；第二件，修女容②；
第三件，謹女言③；第四件，勤女紅④；
我仔細說與你，你要用心仔細聽。

細目

習女德，要和平⑤，女人第一是安貞⑥。
父母跟前要孝順，姐妹夥裡莫相爭。
父母教訓切休強⑦，姐妹吃穿心要公。
東鄰西舍休輕去，早晚行時須點燈。
油鹽柴米當愛惜，針線棉花莫看輕。
莫與男人同席坐，莫與外來女人行。
兄弟叔伯皆避忌，惟有娘親步步從。
若有丫頭聽使喚，使喚亦須諒人情。
外奶舅妗或看望⑧，看望亦須不久停。
坐立行走須莊重，時時常在家門口。
但有錯處即認錯，縱有能時莫誇能。
出嫁倘若遭不幸，不配二夫烈女名。
此是女兒第一件，聽了才得大聰明。⑨

修女容，要正經，一身打扮甚非輕。
搽胭抹粉猶小事，持體端莊有重情。
莫要輕薄閑嘲笑，莫要惱怒好相爭。
身歪體斜傷體面，拋頭露面壞聲名。
光梳頭髮洗淨臉，整潔自是好儀容。
衣服不必綾羅緞，梭棉衣服要乾淨⑩。
油水柴面容易染⑪，做時須要小心行。
箱櫃桌炕勤打掃，自無半點塵土生。
有時出外看親戚，先須腹內要安寧⑫。
吃喝甯著不儘量，莫貪飯碗與酒鍾。
衣枷衣服須搭整⑬，衣箱疊板莫亂擁。
此是女兒第二件，聽了才是理性通。⑭

謹女言，要從容，時常說話莫高聲。
磨牙鬥嘴非爲好，口快舌尖不算能。
莫要半晌說閑話，莫要無故冒搔風⑮。
父母使喚休強嘴，姐妹言語要和平。
但遇面生莫開口，休要輕易冒答應。
家中縱有不平話，低聲莫叫外人聽。
好翻舌頭多惹事，好說謊的落罵名。
有該說處休多說，不該說處且消停。
姑姨妗嬸當問候，也要沈重莫發輕⑯。
閑言碎語休細整，七嘴八舌莫亂爭。
正正經經說幾句，止須說個理兒明。
此是女兒第三件，聽了不是木蟲蟲⑰。

我今仔細說與你，你要用心仔細聽。
勤女紅，要緊情，早起莫到大天明。
掃地梳頭忙洗臉，便拈針線快用功。
紡織裁剪皆須會，饋面席桌都要經。
件件用心牢牢記，會做還須做得精。
不要閑立又閑坐，不要西去又往東。
臨明莫要貪睡覺，到晚莫要空點燈。
殷勤女兒終須好，懶惰女兒總無成。
百拙一件不會做，臨了落個敗家名。
何不上緊細用心⑱？要在女中做英雄。
雖好不快跟不上，雖快不好不爲贏。
描花鏽彩皆女事，不可一件有不通。
這是女兒第四件，聽了便是大才能。
我今仔細說與你，你須用心仔細聽。⑲

合總

信手編成女兒經，女德女容女言工。
當做曲兒要記熟，句句還要懂的清。
後來若到公婆家，仍是這般一樣行。
自然到外都誇好，萬古千秋有令名⑳。
君子莫嫌多俗語，文話女兒不會聽㉑。
且再從頭仔細看，那件不在經史中。
《小學》、《內則》並《左傳》㉒，君子再去看分明。
只爲女兒容易曉，且把俗語當正經。

——〔清〕賀瑞麟《女兒經》

題解

　　本篇選自《福永堂彙鈔》。作者賀瑞麟（1987-1886），清代學者，號約庵居士，又號清麓洞主。三原（今屬陝西）人。《女兒經》是一本宣揚婦女須遵循的封建禮教的通俗讀物，大約出版於明朝，經過不斷增刪在民間流行甚廣，主要版本有明萬曆、天啟間趙南星加注印行的《女兒經》，署「壬戌初冬」天津高氏版的《裘氏女兒經》。清同治年間，賀瑞麟加以訂正，幾乎完全是重新改寫，使之面貌之一新，確切地說，它是一部全新的著作，只不過借用了廣為流傳的《女兒經》的名義。賀氏注重以傳統思想教育子女，曾撰《福永堂居家百不可戒言》、《餘慶堂十二戒》等。論及孝親、讀書、為人、處事等各個方面此篇專為婦女則作，用通俗的韻語形式宣傳婦女「四德」，琅琅上口、易記易誦，故流傳甚廣，影響甚大。

注釋

①女德：指封建社會婦女應具備的德行
②女容：指婦女的服飾打扮等，即儀容。
③女言：指婦女的言語。
④女紅：指婦女所作的紡織、縫紉等家務事。以上四事統稱為婦女的「四德」。
⑤和平：和順。
⑥安貞：安分守已有貞操。
⑦強：固執，不須從。
⑧外奶：外祖母。舅妗：舅舅和舅母。

⑨以上一段講「女德」。

⑩棱棉：土布

⑪染：沾染、污染。

⑫腹內要安寧：指在家中要方便好，以免外出使用別人家的廁所。

⑬衣枷：衣架。枷：通「架」。

⑭以上一段講「女容」。

⑮搔風：風騷，風流。

⑯沈重：沈穩、穩重。

⑰木蠹蟲：一種毒蟲。以上一段講「女言」。

⑱上緊：加緊、抓緊。

⑲以上一段講「女紅」。

⑳令名：美名，好名聲。

㉑文話：指咬文嚼字。

㉒《小學》：漢代後，以「小學」作為文字訓練之學的專稱，此是泛指兒童、教育課本。《內則》：《禮記》的篇名，內容主要是規範婦女在家庭內的言行，必須符合禮教。《左傳》：編年體春秋史，相傳為春秋時魯國大夫丘明所撰，記自魯隱公西元年至魯悼公四年間二百六十年史事。

翻 譯

　　女兒經要講給女兒聽，第一是練習婦女的德行，第二是注意修飾婦女的儀容，第三是謹慎婦女的言語，第四是勤奮地做婦女應該做的家務事，這四件事我仔細講給您聽，希望你用心聽。

　　修養婦女的德行，就是講究性格和順。婦女最重要的是安分守己有貞操。要孝敬父母，和姐妹和睦相處。父母訓斥

你，你不要強詞奪理。姐妹們的吃穿，要公正對待。要愛惜油鹽柴米，一針一線也不要浪費，不要同外人坐在一起，不要和外來的女人一起行走。即使是兄弟叔伯也要迴避，只有自己的母親才步步跟從。如果有丫頭聽你使喚，你也需要體諒別人。有時可去看望外婆、舅舅、舅母，但不要在那裡逗留太久，坐立行走都要莊重，隨時都要待在家裡。如有錯就承認，即使有才能也不誇口。出嫁後倘若遇到丈夫亡故的不幸，為了自己的名聲，不能再改嫁。這就是婦女應做到的第一德行，聽了我的話才聰明。

　　我現在仔細說給你聽，你要用心仔細聽。修飾儀容一定要正正經經，不要輕視穿著打份這樣的事，擦脂抹粉還算是小問題，形態端莊穩重是最重要的。不要輕易嘲笑人挖苦人，也不要輕易發火與人爭吵。儀態不正有傷體面，在大庭廣眾下拋頭露面落下壞名聲。要梳理整齊頭髮，洗乾淨臉，只要整齊乾淨就是儀態端莊。穿衣不必綾羅綢緞，土布衣服只要洗乾淨也好看。日常飲食容易受污染，製作時一定要小心。傢俱物件要勤打掃，自然不會沾染灰塵。有空外出走親戚，先要在家方便妥當，以免用別人的廁所。吃喝不要過多，不要貪吃貪喝酒，衣架上的衣服要搭整齊，衣箱鋪被不要亂放。這是婦女要做的第二點。聽了我的話才叫通理性。

　　女子說話要謹慎，要從容，不要高聲叫嚷，愛與人鬥嘴是不好的習慣，伶牙俐齒能說會道不算是有才能。千萬不要輕易與人搭話。家裡即使有委屈不平，也要低聲說，不要讓外人聽見。若好傳小道消息必定會多惹禍，好說謊話必定會被人辱罵。有該說的地方不要多說，不該說的地方更不能說。問候姑母姨母舅母嬸娘等親戚，態度要穩重，不要輕

狂。閒言碎語不要聽，眾人七嘴八舌，議論時不要摻合。態度端莊，正經該說就說，只要把道理說明瞭就停止。這是女子應做到的第三點，聽了我的勸告才不會當討人嫌的小毒蟲。

　　我現在仔細說給你聽，你要用心仔細聽，女子該做的家務一要抓緊時間做，每天要早起，不能睡到天大亮。起床後趕緊掃地梳頭洗臉，然後趕快做針線活。紡織、裁剪都應該學會，蒸饃、發麵、辦席桌等烹飪活都要經手做。件件事都用心做並牢牢記住如何做，不僅會做還要做得精。不要閒蕩無事，也不要東跑西串。快天亮時不要貪睡懶覺，天黑時不要無事空點燈。勤勉的女兒最終總有好收穫，懶惰的女兒最終一事無成。完全愚拙什麼事都不會做的人，最終會落得敗家子的壞名聲。為何不趕緊加油用心學呢？要有在女子中當英雄的志氣。事情做得仔細，動作不快會跟不上趟，動作雖快但做不精細也不算能幹。描花繡彩這些都是女子的本事，不可有一樣不會。這是女子應做的第四點，聽了我的話才算有才能。我現在仔細說給你聽，你要用心仔細聽。

　　我信手編成這部《女兒經》，主要講女德、女容、女言、女紅。女兒們要當做歌曲記熟，還要把每一句的道理搞懂。後來出嫁去公婆家仍舊要照這個要求做。這樣自然到處都誇獎你，永遠會流傳你的好名聲。學問多的人不要嫌這些俗語，文縐縐的語言小女子聽不懂。從頭再仔細讀一遍，我說的道理哪件不在經史書籍之中？比如《小學》、《內則》、《左傳》這些書，君子請再去看一看。為了女兒容易懂，所以我用俗語來講述這些大道理。

婦女一說曉　勸人都學好

婦女賢，皆由教，父兄丈夫要知道。
有多少，少家教，落得旁人來恥笑。
勤針黹①，聽使喚，莫亂出門莫閑玩。
莫外坐，莫窺窗，男女各別要隱藏。
男非親，莫相問，女人不好也莫近。
夜晚間，若行走，定要點個火在手。
莫纏腳，圖好看，這是女兒大苦難。
己不是，就認錯，人就要說不好說。
人說我，哪不好，我就急忙要改了。
我改了，就莫錯，看他還有甚麼說。
因他話，我無差，論理還要感謝他。
他說你，是好意，切莫惹禍又生氣。
人罵你，莫爭競，他不會說你會聽。
要耐煩，要量大，些小之話莫記下。
說人家，要當面，背地說人會結怨。
背地話，要說好，說得不好偏傳到。
聽人話，莫挑撥，免得兩家來惹禍。
說是非，莫輕信，你說我未親耳聽。
勸人話，莫太硬，你直說他偏不信。
嫁奩好，莫誇嘴，穿帶原不貴華美②。
誇你有，顯人無，姑姑嫂嫂心不服。
各人針，各人線，手不乾淨令人賤。

小東西，就不在，自少收拾莫亂怪。
字書本，莫輕賤，莫夾鞋樣式莫夾線。
做帕子，做別樣，切莫做些字在上。
輕賤字，瞎眼睛，婦女第一要小心。
或生男，固可喜，就是生女要撿起。
若還是，不撿起，打死他來罪歸你③。
就說是，少賠贈④，隨你打發由他命。
為婦人，不養女，你想你又從何起？
你丈夫，就不喜，你問丈夫那來裡⑤。
若公婆，不養女，如今那裡又有你？
是兒女，誰不愛，莫下毒口把他害。
當後娘，要會想，前娘兒女莫兩樣。
些小事，忤你意，切莫與他見了氣。
不知事，耐煩教，你不愛他莫哀告。
他不是，莫亂打，他的孝心自然發。
你待他，勝親生，奉你自然有孝心。
己兒女，看得重，前娘生的更要痛。
你丈夫，來接你，原望你撫他兒女。
前兒女，你歡喜，他娘陰靈保佑你。
有多少，後娘接，前娘兒女待不得。
皆因是，氣量小，一點不合就氣了。
為後娘，無別法，只在自己要量大。
是家醜，莫外說，免得別人來識破，
莫因他，與你好，你就點點都說了。
你傳他，他傳人，你家好歹誰不聞。
況且你，傳與人，人就曉你不精伶。

為婆的，也多弊，不愛媳婦只愛女。
女不是，不說錯，媳婦不是動手腳。
這就是，婆性差，只顧親生恨人家。
那曉得，女雖親，要望媳婦養老身。
若媳婦，就不同，生前使喚死送終。
送湯藥，望媳婦，女到死了方來哭。
到清明，要挂掃⑥，兒媳上墳女來少。
你媳婦，就不好，不要時打只時教。
些小錯，寬他些，待他待女何分別。
你的女，當人媳，人刻你女喜不喜？
你當媳，望婆好，你待媳婦要想到。
有一等，年紀輕，也要燒香求神明。
這就是，大錯失，多少壞事從此出。
勤家務，孝公婆，勝似燒香念彌陀。
除邪心，存孝心，神靈自然保你身。
要修行，不在遠，只在心中時檢點。
你正直，神歡喜，你就不拜保佑你。
你行事，把心壞，雖然拜佛枉自拜。
神無非，望人好，時行好事就是了。
不虧心，不害人，正經道理在己身。
又何必，在出門，天遠地遠去求神。
這些話，是良藥，婦女切記莫忽略。
這些話，極明白，讀來那個不曉得。
婦女們，定要讀，讀來背得當師傅。
讀得熟，記得久，傳家事情件件有。
凡做事，照書想，書中就是好模樣。

走人戶，空時辰，就說此書來勸人。

你勸人，都學好，此書就是傳世寶。

為家長，為丈夫，時講時教這個書。

婦女們，若肯聽，自然化了愚蠢性。

莫嫌這，話粗鄙，都是婦女正道理。

——〔清〕賀瑞麟《婦女一說曉》節選

題 解

　　本篇選用《福永堂彙鈔》。作者賀瑞麟生平事跡介紹見前一篇。作者在本篇前有自序，講述自己有志於女教，又恐古書詞義深奧，女子不易理解。恰好從舊書中找到《婦女一說曉》殘本，加以刪改後刊佈流傳。以家常話通俗語宣傳婦女應遵循的行為道德規範，使婦女更容易接受其教化作用。全文篇幅較長，此節選部分章節，其中如勸告婦女「莫纏腳」，認為「這是女兒大苦難」；批評重男輕女的陋習，質問「不養女」的人，「你想你又何起」；告誡當後娘的要肚量大，待前妻的兒女「勝親生」，譴責婆婆虐待兒媳，「不愛媳婦只愛女」；反對年紀輕輕就「插香求神明」，認為只要「除邪念，存孝心，神靈自然保你身」等等，都是有積極意義的訓誡之詞。加之語言淺白，適合受教育程度不高的婦女學習。

注 釋

①針黹（业）：針線活。

②穿帶：同「穿戴」。

③他：同「她」。古書中女性第三人稱通用「他」字。

④賠贈：指女子的陪嫁錢物。

⑤那來裡：「那裡來」的倒裝，以便押韻需要。
⑥挂掃：指墳上掛墳飄等掃墓儀式。

翻譯

　　婦女是否賢惠要看受沒受過教育，這一點作為父親兄長和丈夫要知道，有多少女子缺乏家教，結果落得讓別人恥笑的下場。婦女要勤於針線活，要聽從使喚，不要出門亂逛閒玩，不要在外面坐，不要偷著往外看，因為男女有別，女子要把自己隱藏好。凡不是親戚的男人不要與他搭話，品性不好的女子也不有親近。晚間行走一定要有燈火照明，不要為了好看而纏腳，這是令女兒受苦受難的苦事。自己錯了要趕緊認錯，別人就不好意思再指責你了。別人說自己哪點不對，自己就要急忙改正。只要改了就沒有錯，別人也就無話可說。因為他指責我，我才能改正錯，照理還應該感激指責我的人。要把他的指責看成好意，這樣就不會惹禍生氣。別人罵你也不爭吵，只把他看作是不會說話的人，對人要耐煩，要肚量大，閒言碎語根本不往心裡去。底卒別人要當面，背後議論人會結下怨忿，背後說人只能說好話，說別人壞話往往會傳到別人耳朵裡，聽別人談話不要從中挑撥，免得當事雙方發生矛盾。別人議論是非不要輕信，說好說壞自己沒有親耳聽到就不算數。勸告別人不要說得太多，你越說他越不相信。不要向人誇耀自己的嫁妝存厚，穿著打扮本來就不應以華美為貴。你誇耀你比別人富有，搞得姑姑嫂嫂心裡很不服氣，各人的針線東西是各人的，手腳若不乾淨就讓人瞧不起，小東西即使不在也只有怪自己沒收拾，不要怪別人。凡有字的書本要重視，不要用來做鞋或線夾，做手帕做

什麼都行，千萬不要繡字在上面。如果輕視文字就會瞎眼睛。婦女第一要小心之事。如果生男孩子固然高興，即使生女孩子也要餵養。如果你不願意餵養，弄死女嬰是有罪的。只要供養了女孩，出嫁時少點嫁妝，隨便你打也沒關係，這就等她自己的命運來定了。身為婦女卻不養女，你想你自己當初怎麼能活下來呢？你丈夫如果不喜歡女兒，你就質問丈夫是從哪裡來的。如果當年公公婆婆不養女，如今哪裡會有這家人呢？凡是兒女都要愛護，不要下毒手害死女嬰。當後娘的心胸要寬廣，對前妻的兒女不要兩種態度。一些小事不如你的意，千萬不要和他們一般見識。兒女不懂事要耐心教育，即使不喜歡他們也不要到處訴說。一些小事不如你的意，千萬不要和他們一般見識兒女不懂事要耐心教育，即使不喜歡他們也不要到處訴說。前妻的兒女有錯時不要亂打，這樣他們就會對你有孝心，只要你待他們如同親生兒女一樣，他們自然會孝敬你。對自己的兒女當然要愛護，對前妻的兒女更要多加照顧。你的丈夫娶你就是想你照顧他的兒女，如果你照顧了前妻的兒女他們辭世的親娘在陰間也會保佑你。有不少後娘見不得前妻的兒女們，這都是因為自己肚量太小，稍微一點不合意就生氣。當後娘的沒有別的辦法，關鍵在於自己肚量要大。凡是家醜不要外傳，不要讓外人知道，不要因為他是自己的好朋友，就什麼都對他說。你給他說，他又傳給別人講家事，人家就知道你太不聰明，當婆婆的也有毛病，不愛媳婦只愛女兒，女兒有錯不加責怪，媳婦有錯就動手打。這是婆婆的性情太差勁，只顧自己的女兒而別人的女兒不體諒，要知道女兒雖親，但養老送終還要靠媳婦。女兒終歸要嫁人，哪能夠經常來侍奉你呢？而媳婦就不

同了，媳婦可供你生前使喚，你死給你送終，你生病時還靠媳婦端湯送藥，女兒只能在你死後才來哭一場，清明節要掛幡掃墓這也要靠兒媳，而女兒很少做這些事，你媳婦即使不好，也不要經常打罵，而是要經常教育，有點小錯就寬容一點，待媳婦同待女兒不要有區別，你的女兒也要給別人對待她刻薄，你高不高興呢？你當媳婦時希望遇到一個好婆婆，現在你對待媳婦要想到你當初的心情，有一種婦女，年紀輕輕就愛插香拜佛，這是大錯誤，這樣的行為要導致很多壞事產生，你勤勉做家務，孝順待公婆，這就勝過燒香拜佛求菩薩，只要消除邪心，保持孝心，神靈自然會保佑你。要積善行德做好事不在乎遠近，只需隨時檢查自己的言行是否合乎道德規範。你正直，神靈就喜歡你，即使你不拜神，神也會保佑你；你做事居心不良、心有惡意，即使你拜佛也是枉然。神靈無非是要求人人都做好人，你常做好事就能達到神的要求。不做虧心事，不起害人心，自己堅守操行，就能正氣凜然，又何必出遠門跋山涉水去拜求神仙呢？這些話是良藥，婦女們要切記不要忽略。這樣道理都知道，婦女們一定要多讀，不僅自己要談來背得，還要講給別人聽。只要熟讀牢記在心，傳世的治家之法就齊全了。做事都照這書裡講的道理做，拜訪親屬時，有空也講給親戚們聽，用這本書中的道理勸告人都學好，把這書看成是傳世之寶。作為家長和丈夫的要時時抽空給婦女講授這本書。只要婦女們肯聽從這些道理，自然就會由愚蠢變為聰明，不要嫌棄這書的語言通俗粗淺，其實講的都是婦女應該遵循的大道理。

四言訓女　以肅閨門

乾坤聿定，陰陽攸分①。男兒冠冕，婦子釵裙。
集成四字，編次千言。爰教巾幗②，以肅閨門。
曰德曰言，曰功曰容。備斯四德，濟以三從。
在家尊父，出嫁順夫。不幸夫死，惟與子俱。
持身貞潔，接物賢良。恭默溫柔，勤儉端莊。
勿護子過，莫蔽夫聰。愼入愼出，正始正終。

自七八歲，及十二齡。態度嬌憨，神色秀靈。
宜教女紅，毋縱兒戲。習學剪裁，熟練針黹④。
告之《內則》，訓以《女誡》④。使曉大義，知嗣徽
音⑤。
先務幽閒，急養廉恥。畢生端倪⑥，終身基址。

年紀寖長⑦，知識漸多。群居戒謔，獨處忌歌。
麻枲絲繭⑧，籩豆葅醢⑨。織絍須精，整飭勿息⑩。
灑掃潎濯⑪，烹飪調和。此日不學，他年奈何。

比及笄字，即治妝奩。剪刀弗棄。練布何嫌？
勿貪厚聘，莫圖美容。射選中雀，配擇乘龍⑪。
長察修謹，幼取老成，特賞器量，雅愛才名。
牽羊禮循，奠雁贄委⑱。女事方終。婦職遂始。

移我父母，事彼舅姑。梘榛同摯⑲，塚介異呼⑳。
敬獻履襪，慎作羹湯。有事必請，受賜歸藏㉑。
昏定晨省，冬溫夏凊㉒。喜愛勞惡㉓，扶衰侍病。
勿逆勿怠，必服必嘗㉔。

奉親若此，事夫如何。賓客將敬㉕，兄弟比和㉖。
遇合在天，遭逢聽命。終溫且惠，以順爲正。
賢思戒昊㉗，索忌司晨㉘，宜家宜室㉙，亢宗亢身
㉚。

夫若富貴，婦勿驕奢。衣食澹泊，言動柔嘉。
成厥功德，愛其身名。持盈保泰，順理通情。
夫若貧賤，婦勿怨嗔。井臼自任㉛，桔槔躬親。㉜
夫若懈惰，婦勿懷安。夫若迷惑，婦勿譏彈。
懷安敗名，不如苦勸。譏彈失禮，莫若微諫。

　　　　——〔清〕馮樹森《四言閨鑒》節選

題 解

　　本篇選自《西京清麓叢書外編》。作者馮樹森（？-
1908），字耕石，清學者，陝西涇陽人。生平事跡不詳。所著
《四言閨鑒》，取材巨集豐富，組織精工。上起三代，下迄元
明，令媛美女之賢德，賢妻良母之懿行，無所不及。目的無
非是以事實爲論據，教育婦女遵守三從四德的封建倫常道
理。據書前段象離序，該書作於馮氏中年，固貧窮而久擱箱
篋。光緒三十四年春（1908），得三原縣令白德銳資助，得以
付梓刊行，書未出而馮氏已卒。全書共二十五章，此節選部

分章節，以見一斑。

注釋

①《易經·說卦》：「乾，天也，故稱乎父；坤，地也，故稱乎母。」
　　聿：助詞。攸：助詞。

②爰：句首助詞。

③針黹（ㄓ）：針線活。

④《內則》：《禮記》的篇名，內容規定婦女在家庭內的言行。《女
　　誡》：東漢班昭所著。

⑤嗣：繼承。徽音：猶德言。《詩經·大雅·思齊》：「大姒以嗣徽
　　音，則百斯男。」

⑥端倪：開端。

⑦寖：同「浸」，漸漸。

⑧麻枲（ㄒ一）：大麻，亦稱苦麻。

⑨籩豆：祭祀用的兩種禮器，籩用竹製，豆用木製，後以籩豆代替祭
　　祀。菹醢（ㄗㄨ ㄏㄞˇ）：醃菜稱菹，製肉醬稱醢，此泛指煮飲一類家務。

⑩整飭：整頓、整治。

⑪澣（ㄏㄨㄢˇ）：洗去衣物污垢。

⑫笄字：女子成年之禮。《儀禮·士昏禮》：「女子許嫁，笄而醴之稱
　　字。」《禮記·內則》：「女子……十有五年而笄」。

⑬剪刀弗棄：據《南史·范雲傳》，江祏求范雲女為婚，因酒醉，只以
　　一把剪刀為聘禮，但范雲仍笑納許之。後江祏貴為將軍，範雲以高攀
　　不上為辭，奉還當年剪刀，嫁女他人。不久江祏敗，妻子流離。此誡
　　婚姻勿嫌貧愛富。

⑭練布：棉麻製的粗布，是樸素的衣被用料。據《世說新語》記載，戴
　　逵五女出嫁，都以練裳、布被、竹箱、木履為嫁妝。此誡出嫁勿誇奢

鬥富。

⑮射選中雀：據《舊唐書‧高祖紀》，竇毅有女不妄許人，畫二孔雀於屏間，令求婚者射二箭，中孔雀眼睛者才許嫁。唐高祖李淵射二箭中一目，遂娶竇氏女，即文穆皇后，此喻慎擇佳婿。

⑯乘龍：女婿之美稱。《藝文類聚》卷四十引《楚國先賢傳》：「孫儁字文英，與李元禮俱娶太尉桓叔元女。時人謂桓叔元兩女俱乘龍，言得婿如龍也。」

⑰牽羊：牽羊至對方家門，為古時訂婚儀式之一。

⑱奠雁：即獻雁。古婚禮，新郎至新娘家迎親，先進雁為禮。贄：初見尊長時所送的禮品。委：送給、付託。

⑲棋榛同摰：《禮記‧曲禮下》：「婦人之摰，棋、榛、脯、修、棗、粟。」《左傳‧莊公二十四年》：「女摰，不過榛、粟、棗、修以告虔也。」表示虔誠地服侍公公婆婆。摰：同「贄」。棋、榛：皆果木名。

⑳塚介異呼：據《禮記‧內則》，同為媳婦，有塚介之別。長婦曰塚，眾婦曰介。塚介之間有如兄弟禮。介婦要請於塚婦，不能與塚婦並行、並命、並坐等。

㉑受賜歸藏：據《禮記‧內則》，媳婦若受人賞賜，要獻給公婆，公婆若反賜給你，先辭讓，再收下藏好，以備不時之需。

㉒昏定晨省、冬溫夏清：舊時子侍奉父母朝夕間定的禮節。《禮記‧曲禮上》：「凡為人子之禮，冬溫而夏清，昏定而晨省。」

㉓喜愛勞惡：媳婦要以公婆之所愛為喜，以公婆之所嫌為愁。勞：憂愁。《詩經‧邶風‧燕燕》：「瞻望弗及，實勞我心。」惡：厭惡、嫌棄。

㉔必服必嘗：《禮記‧內則》：「子婦孝者敬者，父母舅姑之命勿逆勿怠。若飲食之，雖不嗜，必嘗而待；加之衣服雖不欲，必服而待。」

㉕賓客將敬：妻子對待丈夫要像敬待賓客一樣。

㉖兄弟比和：夫婦之間要像親生兄弟般一心一德。

㉗賢思戒旦：賢慧的妻子要提醒丈夫早起、勤奮幹活。《詩經‧鄭風‧女曰雞鳴》：「女曰雞鳴，士曰昧旦。」戒旦：告誡天將明。

㉘索忌司晨：要避免敗家之禍，須忌諱女性掌權主事。索：盡。司晨：公雞報曉。《尚書‧牧誓》：「古人有言曰：牝雞無晨。牝雞之晨，惟家之索。」

㉙宜家宜室：家庭安順，夫妻和睦。《詩經‧周南‧桃夭》：「之子于歸，宜其室家。」

㉚亢宗亢身：光宗耀祖，自己亦有出息。《左傳‧昭公元年》：「不能亢身，焉能亢宗？」亢：庇護，擴大。

㉛井臼：汲水舂米，此泛指操持家務。

㉜桔槔：亦作「桔臬」，井上汲水的工具。

翻 譯

　　從乾坤天地初定之時，就開始區分陰陽男女了。男戴帽子，女穿裙子。我現在編定上千字四言一句的文章，是為了教育婦女。使閨門的風氣端正。女子講究的是德、言、功、容的「四德」，再輔以「三從」的規定，這就是在家時尊敬順從父兄，出嫁從夫，若丈夫不幸去世，就只聽兒子的話。女子要保持自身的貞潔，接人待物要賢良恭敬溫柔，還要勤儉持家。不要遮護兒子的過錯，也不要掩蓋丈夫的聰明才智。無論何時何地都要謹慎，始終保持言行的端莊得體。

　　女子從七八歲到十二歲左右，正是活潑嬌美、秀氣靈動的年齡。這時候應該教她做女孩該做的事，不要放縱讓她遊玩。應讓女孩子學習裁剪縫紉，熟練各種針線活。要用《禮

記‧內則》、班昭的《女誡》等教育她，讓她懂道理，明白什麼是女子的美德，特別要教她懂得什麼是廉恥。這將使她終身受益，成為她一輩子立身行事的基礎。

女孩子隨著年齡漸漸長大，知識也越來越多。和一群人在一起切忌亂開玩笑、獨自一人時不要放聲高歌。紡織養蠶、祭祀食品等等樣樣都要會做。織布紡絹要精緻，整理家務不懈怠。諸如掃地、洗衣、煮飯、炒菜等家務活，這時候若不學會，以後就不好辦了。

等到女兒滿十八歲，就是成年了，就要準備嫁妝。親家若貧窮，聘禮不豐厚，也不要嫌棄。不要貪圖厚重的彩禮，不要只看對方的外表。要慎重選擇德才兼備的女婿，才能嫁得如意郎君。若男方年齡偏大，就要考察他是否有修養；若年齡偏幼，就要看他是否有老成氣象，特別要看他心胸是否寬廣、志氣是否遠大，是否有才華和好的名聲。考察確定後，就可以送禮物給對方，舉行結婚儀式了。這樣女孩子的歲月就結束了，家庭主婦的職責就擔當起來了。

出嫁後就要把孝敬父母之心移到孝敬公婆之上，要虔敬地服侍公婆，妯娌之間也要和睦相處。無論是獻鞋襪還是做羹湯給公婆，都要恭敬小心。有事無論大小都得請示，若有人送禮物無論貴賤都要先交給公婆，公婆若賜給自己，則要收藏好。黃昏時安定床鋪，早晨道安問好，冬天要暖和，夏天要清涼，要以公婆的喜惡為喜惡。公婆若生病要殷勤服侍，一定不能違反公婆的意願，不能偷懶，穿衣飲食等都要以公婆的意見為準。

侍奉公婆要做到以上這些，服侍丈夫也應如此，要和丈夫相敬如賓，要像兄弟一樣同心同德。和丈夫的結合是天

意、是命運，必須要服從。要始終溫柔賢慧，以順從為美德。要提醒丈夫早起勤奮幹活，要避災禍就得避免婦女掌權之事。這樣就能家庭安順，夫妻和睦，光宗耀祖，自身也有出息。

丈夫若富貴，妻子不要驕傲奢侈。衣服飲食仍要淡泊，言語行為仍要溫柔。要幫助丈夫成其功德，要愛惜丈夫的名聲。這樣才能保持富裕安泰的生活，這才是通情達理的做法。丈夫若貧賤，妻子不要埋怨責備。要自己操持家務，哪怕是挑水舂米等繁重活也親自做。丈夫若懈怠懶惰，妻子不要安於現狀。丈夫若沈迷耽溺，妻子不要嘲諷挖苦。安於現狀會讓丈夫丟掉昔日的好名聲，不如苦口婆心勸丈夫振作起來。嘲諷挖苦是失禮的舉動，不如適當地勸諫更有效果。

齊家之道當自婦人始

婦以夫爲天，所仰望而終身者。好合則如鼓瑟琴①，庭闈如樂，家道昌焉；夫婦反目，人倫之變，袵席化爲戈予，禍患無所底止：故事夫不可不學也。然而如之何而可？曰：敬順無違，以敬婦道，甘若同之，死生已之②。

《詩》曰：「哀哀父母，生我劬勞③。」又曰：「父兮生我，母兮鞠我④。拊我畜我⑤，長我育我，顧我覆我⑥，出入腹我⑦。欲報之德，昊天罔極⑧。」人身雖有男女，自父母視之則皆子也。同爲父母所生，而獨不得終養，女子之心，有倍愴然者矣。永言孝思，常存勿替⑨。隨其力之所能爲，盡其情於不自己⑩。

貧者士之常，室人交讁⑪，古今所同歎也。小人貧斯約⑫，約斯盜；君子固窮，所以不同於俗耳。婦人從夫，貧富惟天所命。處貧而不能安，將有無所不至者矣。子貢曰：「貧而無諂⑬」。孔子曰：「未若貧而樂⑭」。又曰：「貧與賤，是人之所惡也，不以其道，得之不去也⑮。」凡爲女子，宜三復焉。

謙卑自牧⑯，婦人之盛德也；愛惜物力，閨闈之美行也。苟富且貴，而奢淫佚，終趨覆亡，則恭儉不可不學也。凡人一生福澤，皆有分限，宜自加珍惜，常留有餘不盡之意。貴而能下，則人不憎；富而有節，則財不匱⑰。禮法以持躬，⑱淡泊以明志，匪惟養德，福亦裕

焉。

　　婦人但知徇私，罕顧公義。苟可適己自便，遑恤其他，此亦恒情之常、末俗之陋也。古之哲婦，放義而行，私愛可捐，軀命可舍，義聲著於當時，芳名垂乎千載，視彼自私自利者，相懸何啻倍蓰乎！⑲

　　人子少時，與母最親，舉動善惡，父或不能知，母則無不知之。故母教尤切，不可專事慈愛，釀成桀驁⑳，以幾於敗也㉑。語云：「慈母有敗子」。蘇氏曰：「愛而勿勞，禽犢之愛。」㉒古來徙舍斷織，和熊畫荻㉓，皆自其少時慎之。甚至宦達猶加箠楚，終身無姑息焉。

　　從來婦女多信鬼神，如巫覡尼僧㉔，得肆簧口，為鋌誘財物之階。原其心，不過欲求福耳，不知死生有命，富貴在天，非神力所能轉移。即使鬼神有力，亦必福善禍淫，正直是與，豈聽巫尼諂佞，顛倒人世之是非，以妄加禍福，無是理也。三姑六婆不上門㉕，古人深以垂戒。蓋此輩花言巧語，能移人性情，壞人心術。一被煽惑，無所不至，小則耗斁敗物㉖，大則敗辱身名。所當嚴拒禁絕，不可與之相接也。僧道男人，尤非婦女所宜見面。乃婦女凡事避嫌，獨於僧道無所顧畏，甚至結隊成群，入寺燒香，雜遝嬉遊，不知羞愧。風俗之壞，一至於此，嗚呼痛哉！《書》曰：「作善降之百祥，作不善降之百殃㉗」。孔子曰：「獲罪於天，無所禱也。」㉘

　　　　　　——〔清〕藍鼎元《女學·婦德篇》節選

題　解

　　本篇選自《四庫全書存目叢書·子部·儒家類》。作者藍

鼎元（1675-1733），清詩文家，字玉梁，號鹿洲，又號任庵，福建漳浦人。康熙六十年（1721）隨從兄藍廷珍出征台灣，駐台歲餘而返。雍正元年（1723），以拔貢入太學。校書內廷，分修《一統志》。後授普甯知縣，官至廣州知府。生平事跡見《清史稿》卷四七七。所編《女學》六卷，分德、言、容、工四篇，「章區類別，間綴論斷」（《四庫全書總目提要》）。據作者書前自序，他認為「天下之治在風俗，風俗之正在齊家，齊家之道當自婦人始」；而前代的女訓著作或「簡不能該」，或「繁不能盡」，於是他採經史諸子百家及《列女傳》、《女誡》諸書，彙為一編，專供婦女學習。全書體例本之《朱子小學》，編排得當。此選數段皆出自「婦德篇」中，為作者針對所選材料所發的議論。其中如「婦以夫為天」、「貧富惟天所命」、「凡人一生福譯皆有天限」等語，顯然已不合時宜；但所強調的夫妻和諧、孝敬父母、安貧守道、愛惜物力、嚴格教子、不迷信鬼神等道理仍然有積極意義。

注釋

①鼓瑟琴：琴瑟同時彈奏，其音諧和，故用以比喻夫婦和好。《詩經·小雅·鹿鳴》：「我有嘉賓，鼓瑟鼓琴」。《詩經·周南·關雎》：「窈窕淑女，琴瑟友之。」

②死生已之：即死而後已。已：完結。

③引詩見《詩經·小雅·蓼莪》。劬：勞苦、勞累。

④鞠：養育。

⑤拊：撫養。畜：養活。

⑥覆：遮蓋，引申為庇護。

⑦腹：懷抱。

⑧罔極：無限。

⑨替：廢棄。

⑩已：停止。

⑪室人：家人。交讁：互相埋怨責難，《詩經‧邶風‧北門》：「我入自外，室人交遍讁我」。

⑫斯：析，割。約：困窮。《論語‧里仁》：「不仁者不可以久處約」。

⑬見《論語‧學而》。諂：巴結、奉承。

⑭亦見《論語‧學而》。

⑮見《論語‧里仁》。

⑯牧：修養。《易經‧謙卦》：「謙謙君子，卑以自牧也。」

⑰匱：匱乏，缺乏。

⑱持躬：持身，立身處世。

⑲啻：但，只。倍蓰（ㄒ一）：倍，一倍；蓰，五倍。

⑳桀驁：兇暴乖戾。

㉑幾：事情的徵兆。

㉒慈母有敗子：司馬光《家範》：「古人有言曰：慈母敗子，愛而不教，使淪於不肖，陷於大惡，入於刑辟，歸於亂亡，非他人敗之也，母敗之也。」禽犢之愛：宋蔡節撰《論語集說》卷七引蘇軾曰：愛而勿勞，禽犢之愛也。」

㉓和熊：唐柳仲郢少時好學，其母韓氏嘗和熊膽丸，使夜咽以助勤。見《新唐書》卷一六三。畫荻：宋歐陽修四歲而孤，母鄭氏親教之學，家貧，不能具紙筆，以荻（蘆葦桿）畫地學書。見《宋史》卷三一九。

㉔巫覡：男女巫的合稱。巫，女巫；覡，男巫。

㉕三姑：尼姑、道姑、卦姑。六婆：穩婆、賣婆、藥婆、虔婆、唱婆、
　花婆。

㉖斁（ㄉㄨˋ）：敗壞。

㉗見《尚書・伊訓》

㉘見《論語・八佾》

翻譯

　　婦女以丈夫為自己至高無上的權威，是自己仰望並終身依靠的人。夫妻和美就像琴瑟同時彈奏出美妙的樂曲，整個家庭都和氣快樂，家道也昌盛；若夫妻反目為仇，人際關係變化，同睡一床卻戈矛相見，那會造成無休止的禍患，所以如何侍奉丈夫是不可不學的事。怎樣做才行呢？那就是：尊敬順從，不違反丈夫的意志，盡自己做妻子的職責，無論甘苦要與丈夫同在，無論死生也一定同丈夫在一起。

　　《詩經》說：「可憐的父母啊，生我養我多麼辛勞。」又說：「父親啊，你生養我；母親啊，你哺育我。撫愛我、養活我，養大我、教育我，照顧我，庇護我，進進出出抱著我。你們的恩情我怎能報答，它就像蒼天一樣博大遼闊。」人雖分為男女，但父母看來都是自己的孩子，同樣是父母所生，女子卻不能為父母養老送終，每念及此，女子的心加倍淒涼。女子同樣要永懷孝心，常存孝心，而不放棄。要盡自己的最大努力盡孝，傾注自己的全部感情而不停止。

　　貧困是知識份子常遇到的情況，在貧困時，家人互有埋怨責難，古今都是相同的。若是小人，貧生困，困生盜；而君子雖窮，但自然與俗人不一樣。婦人跟從丈夫，貧富都是上天的安排，若處在貧困之中而不安於現狀，將會有各種問

題紛至遝來。子貢說：「雖貧窮也不巴結人」。孔子說：「雖然貧窮但是快活。」又說：「貧窮與卑賤，雖然都是人們厭惡的，但是如果不是正道得來的富貴，君子寧可貧窮也不要富貴。」凡是女子，應該常常思考這些話。

謙虛有修養，這是女子最好的品德；愛惜財物，這是婦女最美的行為。如果富貴但驕奢淫佚，最終會走向失敗覆亡，所以恭敬、勤儉不可不學。人一生該享受多少，都由上天限定，應該自己多加珍惜。常存有餘有剩的念頭，雖處富貴，卻能降低自己的身份，那麼就不會惹人忌恨。能做到富貴但卻保持節儉作風，社會財物就不會匱乏。立身處世要遵守禮法，過淡泊的生活以堅定志向，這樣不僅提高了道德修養，還會給自己帶來很多福氣。

婦人一般只知道為自己打算，很少有人考慮國家利益。只要能夠自己方便，就不再顧及他人，這是一般人的做法，也是很壞的風俗。古代那些明事理的婦人，行為都以國家利益為重，為了國家自己心愛的物品可以捐獻，甚至生命也可犧牲，她們崇高的名聲著名於當時，流傳到後代。以她們高尚的行為同那些自私自利的婦人相比，差距何止數倍！

人小時候與母親最親。一舉一動，思想好壞，父親可能不清楚，而母親全都知道，所以幼時母教更為重要。母親不能只講慈愛，養成兒子兇暴乖戾的性格，成為事業失敗的徵兆。俗話說：慈母會養出敗家子。蘇氏說：「只愛子而不讓他受苦，這和禽獸愛其子是一樣的。」古來有孟母三遷、孟母斷織，韓氏和熊膽丸給兒子吃，鄭氏以蘆葦桿教兒子在地上學書等母教故事，都是母親在兒子小時候就注意對他的教育的榜樣。甚至兒子已經當了大官，母親還加以責打，終身

不姑息兒子的錯誤。

　　從來婦女多信鬼神，所以巫婆尼姑和尚等有機會賣弄口舌，把這做為騙取錢財的手段。從一般人的心理分析，本來是想為自己求福，但不懂死生有命，富貴在天，不是鬼神的力量所能轉移的。即使鬼神能操縱這一切，也一定是降福給好人，降禍給淫蕩的人，所給予的一定很公平公正，哪裡會聽巫婆尼姑和尚的顛倒是非、混淆黑白、亂說一氣。把福禍亂加在不信鬼神的人頭上，沒有這樣的道理。凡是從事這些不正當職業的三姑六婆不能讓其進家門。古人對此有很多戒勸，這是因為這些人壞了，一旦被她們心動迷惑，什麼壞事都做得出來。小則耗費錢財，大則辱沒自己的名聲，所以應當嚴厲禁絕，不能和這些人接觸。和尚道士更不能讓他們與婦女見面。某些婦女凡事都要避嫌，獨獨對和尚道士沒有顧忌畏懼心理，甚至結夥成群去寺廟燒香，一大堆人去嬉戲遊玩，不知羞愧。這是最壞的風俗，真讓人心痛極了。《尚書》說：「做善事天會降福，百事吉祥；做不善事天會降災，百事遭殃。」孔子說：「如果你得罪了上天，你再祈禱也是沒有用的。」

父母養育恩最深
孝敬雙親是本份

第一件，孝父母，父母深恩最難數。
想爹娘，撫女身，比撫兒子更費心。
懷著胎，未生時，父母憂慮恐差池①。
茶難飲，飯難吞，猶如挑著擔千斤。
腳難動，手難舉，那時誰辨是男女。
生你時，娘迨死，惺慣聞言是女子②。
父心愁，母不喜，憂你心腸從此起。
在月中，才幾天，包纏兩膀合兩肩。
將帶兒，緊緊拴，包得不好怕背彎。
娘睡濕，兒睡乾，恐你後來受風癱。
流尿尿，急忙洗，一聽哭聲便抱起。
到門前，怕著風，旋將背袋緊緊繃。
不猜冷，便猜餓，心誠求之猶恐錯。
懷轉背，背轉懷，三年乳撫長起來。
憂辣麻，防湯火，稍有差池非小可。
倘跌仆，受虛驚，自己埋怨不小心。
身漸長，置釵環，一年四季費盤纏。
鞋娘做，頭娘梳，愛你如同掌上珠。
好針黹，教你學，女兒要學做生活。
教識字，教讀書，普通常識使你知。

出束脩③，上學堂，銀錢出自你爹娘。
教茶飯，教烹調，朝夕指點不辭勞。
學紡線，學剪裁，那件不費娘心懷。
教訓你，太森嚴，又念不久離膝前。
教訓你，太慈和，恐到人家受折磨。
食與衣，少一件，恐你多心暗埋怨。
白日憂，夜晚愁，時時刻刻掛心頭。
將你身，撫成人，又要把你許高門。
選兒郎，要才貌，恐你受窮訪家道。
媒人言，怕不眞，背地私查暗費心。
到婚期，盡力量，不惜銀錢置床帳。
請匠人，做妝奩，晝夜奔忙不得閑。
造酒漿，待賓客，鍋盆碗盞少不得。
家富豪，容易辦，若是家貧難打算。
或借錢，或賒貸，拖賬受窮怨那個。
或衣裳，或碗盞，有件不齊心不滿。
自躊躇，自打算，白日思量到夜半。
恨不得，將身賣，拿與女兒置穿戴。
捨不得，留不住，從今娘女各一處。
含眼淚，送出門，刀割心肝五內疼。
撫兒子，猶有靠，撫女一場空計較。
到婆家，會做人，不枉爹娘費辛勤。
倘若你，不爭氣，爹娘死了眼難閉。
痛女兒，憂女婿，接回外家種田地。
替你賒，替你借，受了多少醃髒氣④。
想爹娘，撫女身，令人提起淚滿襟。

女兒們，你思量，殺身難報二爹娘。
看烏鴉，孝父母，老鴉老了喞食哺⑤。
看羔羊，孝父母，雙膝跪地才吃乳⑥。
小禽獸，猶知孝，女兒何不把恩報。
莫偷閒，莫傲性，早晚殷獻要恭敬。
或烹飪，或工作，針黹茶飯用心學。
廚房內，要灑掃，績麻紡線要起早。
弟與妹，哥與嫂，姪兒姪女待得好。
伯父母，叔與嬸，見他恭敬最要緊。
切莫學，說是非，無事不可出深閨。
父母叫，即動身，休與姊妹來論爭。
各人修，各人得，常把親恩心內默。
要端莊，休自輕，女兒自古稱千金。
又舉止，要端詳，循規蹈矩莫輕狂。
休亂笑，要謹言，牙尖舌快討人嫌。
學裁剪，操縫紉，朝夕不離娘面前。
守閨門，分內外，女子本是娘裙帶。
休好吃，休好穿，希奇首飾不可貪。
女兒家，穿太好，恐把壽元折去了。
布衣服，勤漿洗，收拾端莊人敬你。
穿與戴，看淡些，好女不穿嫁時衣。
只要你，爲人好，何必珍珠與瑪瑙。
有與無，莫爭論，人生衣祿有分定。
女兒孝，說不盡，總要溫柔與和順。
你果能，孝雙親，天地神靈佑你身。

——〔清〕廖兔嬌《醒閨編·孝父母》節選

題 解

　　本篇選自清刻本《醒閨編》，原列第一。作者廖免嬌，清末人，生卒籍貫不詳。本篇用歌謠的形式講解婦女應該孝敬雙親的道理，通俗易懂。

注 釋

①差池：差錯。

②惛憒：不清醒，懵懵懂懂的時候。

③束脩：十條肉乾。《論語・述而》：「自行束修以上，吾未嘗無誨焉。」因為孔子收學生，只接受束修作為報酬，所以後世便將束脩作為學費的代稱。

④醃髒氣：窩囊氣。

⑤烏鴉反哺：《初學記》卷三十晉成公綏《烏賦》：「雛既壯而能飛兮，乃啣食而反哺。」後常用來比喻子女報答親恩。

⑥跪乳：《初學記》卷二十九引譙周《法訓》曰：「羊有跪乳之禮，雞有識時之候，鴈有庠序之儀，人取法焉。」

翻 譯

　　女子的第一件事是孝敬父母，父母養育的深恩，數也數不清。回想爹娘當年，養育一個女孩比養育一個男孩更費盡心思。母親懷孕的時候，父母擔憂害怕有差錯，喝茶吃飯都很小心，好像挑著千斤重擔一樣。母親肚子裡懷著孩子，路也走不動，手也懶得舉，那時候不知道懷的是男是女。在你出生的時候，母親痛得要死，在懵懵懂懂的時候，聽說生的是個女孩子，擔憂你的心思從此以後就生長起來了。在月子

中才幾天的時候，母親就把你緊緊包起來，如果包得不好，怕你今後長大了脊背彎曲。在床上，母親睡你尿濕的地方，讓你睡乾的地方，怕你以後得風濕癱瘓的毛病。流屎流尿，趕快洗乾淨，聽到你的哭聲就趕快把你抱起來。抱到門前逗哄，又怕你著了涼，急忙把背袋緊緊綁起來。又怕你冷了，又怕你餓了，求神拜佛深怕你有什麼差錯。一會兒背著你，一會兒抱著你，三年餵奶讓你長起來。在你童年的時候，父母擔心你出痘子、得麻子，防止你被燙傷、被燒傷，這些事一不小心，會影響你一輩子，所以非同小可。如果你跌了一跤，總要引起父母一場虛驚，埋怨自己不小心。等到你漸漸長成大姑娘，就要想辦法打扮起來，為你買釵環首飾，四季衣裳，花費父母不少銀兩。當媽的給你做鞋，替你梳頭，疼愛你如同掌上明珠。教你學得一手好針線活，教你識字，教你讀書，教你知曉社會歷史常識。家境好的，還不惜學費，送女兒上學堂。回到家中，教你烹調茶飯，從早到晚指點你不辭辛勞。你學會紡線織補，學會裁剪衣裳，哪一樣不花費作母親的心血？母親教訓你如果太嚴厲，又顧念你不久就要離開娘家；教訓你如果太寬鬆，又擔心你到婆家受閒氣。食物和衣服，少一件，怕你多心暗地裡埋怨；你離開家一刻，又怕你出醜弄乖惹人笑罵。真是白天也憂，夜晚也憂，把你時時刻刻掛在心頭。等到把你撫養成人，又要把你許配給高門大族。挑選女婿，要才貌雙全，恐怕你受窮，暗地探訪男方的家底。媒人說得天花亂墜，怕不真實，背地私查費盡心思。結婚的日期到了，傾盡力量，不惜銀錢置辦床帳等嫁妝。聘請工匠，為你做妝奩，晝夜奔忙不得閒空。製造酒漿飲料，款待賓客，鍋盆碗盞等器皿一樣都不能少。如果家境

富裕，還比較容易操辦；如果家境貧窮，那就很難負擔得起
了。只好有的借錢，有的賒貸，拖賬受窮向誰埋怨訴苦呢？
無論是衣裳還是碗盞，有一件不齊就覺得不滿意。自己躊
躇，自己打算，從白日思量到夜半三更。只是恨不得把自己
賣了，換得銀錢來給女兒置辦穿戴。雖然捨不得，但畢竟留
不住，從今以後母親和女兒就各在一處了。母親含著眼淚，
送女兒出門，心如刀割，五臟疼痛。怪不得俗話常說撫養兒
子，老來還有依靠；撫養女兒一場，到頭來竹籃打水一場
空。你到婆家以後，一定要會做人，不枉爹娘費盡辛勤。如
果你不爭氣，爹娘死後眼睛也難以閉上。心痛女兒，擔憂女
婿，把你倆接回外家來種田地。替你們賒帳，替你們借貸，
受了富有人家多少白眼窩囊氣。想想爹娘的辛苦，撫慰女兒
自身，令人提起來忍不住淚流滿襟。女兒們，你們自己要好
好想一想，真是殺身也難以回報父母的深恩大德。看看烏鴉
都知道孝敬父母，老鴉老了，飛不動了，小鴉就啣食回來餵
養父母。再看看小羊羔也知道孝敬父母，雙膝跪地然後才去
吃母羊的奶。小小禽獸，尚且知道孝順，女兒為什麼不知道
回報父母的恩德呢？要報恩，就不要偷懶，不要性情傲慢，
早晚向父母請安要殷勤恭敬。或烹調炊事，或女紅勞作，廚
房活針線活都要用心學習。廚房內，要勤快地打掃，績麻紡
線要起得早。弟弟妹妹，哥哥嫂嫂，姪兒姪女都要誠心相
待。伯父伯母，叔叔嬸嬸，見到他們都要恭恭敬敬。一定不
要學習搬弄是非，無事不可以走出閨門。父母呼喚，即刻動
身，不要與姊妹爭執不休。各人修養，各人有心得，常將父
母恩德在心中默念。為人要端莊得體，不要輕薄下賤，女兒
一定要自尊自重。儀態舉止，要端莊審慎，循規蹈矩不要輕

率狂浪。不要亂笑亂鬧，要謹言慎行，牙尖舌快的女子討人嫌棄。學習裁剪，縫縫補補，一天到晚都守在娘的跟前。謹守閨門的規矩，注意男女有別，女兒就像是娘的裙帶一樣與娘親如影隨形。不要貪圖吃好的，不要貪圖穿好的，不要貪圖佩帶稀奇首飾。女兒家，穿太好，恐怕會折損自己的壽命。布衣服，勤漿洗，收拾打扮端端莊莊，別人就會尊敬你。把穿戴打扮看淡些，好女不穿出嫁時穿的衣裳。只要你為人好，就不需要珍珠和瑪瑙。有沒有細軟首飾，不要爭論，人生的衣食福祿是上天早就注定的。女兒孝敬雙親的方面，說不盡道不完，總的原則是要溫柔與和順。只要你能夠孝敬雙親，天地神靈都會保佑你幸福平安。

溺愛會把兒女害
寬嚴適當好家教

第五件，待兒女，兒女寬嚴有規矩。
若待他，無規矩，如何得有好兒女？
待女兒，丟後邊，且將待兒說在先。
一個兒，不可慣，十個兒子不可慢①。
一根柴，最難燒，一個獨兒最難教。
此句話，怎解說，人莫知其子之惡。
溺愛者，多不明，兒有過錯若不聞。
惟婦人，更可歎，兒子好歹由娘慣。
父親打，你去顧，伸手便把棍拿住。
說兒小，怎經打，小時誰個不貪耍。
勸不住，放聲哭，夫妻爲兒多反目。
父不教，娘溺愛，性格從此漸漸壞。
將銀錢，多支吾，把娘做個護身符。
兒長大，爺難管，壞事皆由娘護短。
犯王法，爲奸盜，種種惡孽由娘造。
氣又高，性又傲，那時連你都不孝。
惡言語，對爹媽，逆忤不孝誰管他。
幼小時，無尊長，此時空對伯叔講。
不順母，不怕父，連他妻子都不顧。
當老衣，賣壽木，空將苦楚對人哭。
這就是，溺愛報，木匠帶枷自己造。

有兒女，誰不愛，若不教他反成害。
兒與女，從小教，等待大來性多傲。
教媳婦，在初來，要教兒女在嬰孩②。
幼小時，在懷抱，不可使他哭又笑。
或時笑，或時哭，大來作事多反覆。
學罵人，要打住，恐防短了他壽數。
教忍讓，學涵容，教他不可傷蟻蟲。
事雖小，關係重，為官才知民疾痛。
有良心，不造孽，從小教來才使得。
父親罵，你便打，不好之人莫同耍。
凡百事，不護短，自然個個幫你管。
愛兒女，在心懷，何必時常說出來。
幼小時，痛肝腸，大來一定不孝娘。
在兒時，多勞苦，大來才肯孝父母。
若出外，莫遊戲，戒他不可貪小利。
為兒時，愛摸針，長大成人定偷金。
為光棍，做強盜，都是小時沒家教。
你分明，是溺愛，其實把你兒子害。
既愛之，能勿勞，聖人垂訓教兒曹。
玉不琢，不成器，人不學來不知義③。
知長幼，別親疏，要好兒孫在讀書。
上學堂，要勤快，切莫把書來懈怠。
對你講，先生惡，你便罵他不勤學。
說三從，講四德④，國家興亡也有責。
待兒女，要知道，寬嚴兩用好家教。

——〔清〕廖兔嬌《醒閨編·待兒女》節選

題解

本篇選自清刻本《醒閨編》，原列第五。主要講解如何教育子女的問題。

注釋

①慢：怠慢，忽略。

②「教媳婦」三句：《顏氏家訓‧教子》：「教婦初來，教兒嬰孩。」

③「玉不琢」三句：玉須經精雕細刻，始能成就器物；比喻人須經鍛煉培養，始能成就人材。班固《白虎通‧辟雍》：「學以治性，慮以變情，故玉不琢，不成器；人不學，不知道。」

④三從四德：三從：幼從父兄，嫁從夫，夫死從子。見《大戴禮記‧本命》。四德：指婦德、婦言、婦容、婦功。見《禮記‧郊特牲》及《昏義》。

翻譯

第五個問題，講解如何對待兒女。待兒女或寬鬆或嚴格自有一定的規矩。如果沒有規矩，就不能培養出好的兒女。至於如何對待女兒，先放下不講，先說如何對待兒子的問題。如果你只有一個兒子，那一定不可以嬌慣；如果你有十個兒子，那也一定不可以怠慢。一根柴，難以燃燒；一個獨生兒子，最難教育。如何理解這個道理呢？因為一般人都看不到自己兒子惡的一面，溺愛孩子者，就更加糊塗。兒子有過錯，就像沒有聽聞一樣。尤其是作母親的，更加嚴重。兒子從小就被娘寵壞了，父親打孩子，母親就去保護孩子，伸手就把棍棒抓住。說孩子小，不經打，小時候誰不貪玩耍。

如果把丈夫勸阻不住，就放聲大哭，夫妻為了兒子常常反目。由於當娘的溺愛護短，當爹的也就撒手不管，孩子的性格從此就漸漸變壞了。兒子在外胡亂花錢，支支吾吾報不出帳來，父親要查問，兒子就把娘當成護身符。兒子長大之後，父親就更加管不住了，兒子幹壞事都是由於當娘的護短而來。兒子或犯王法，或為姦盜，種種惡行的根子都起源於當娘的溺愛。兒子長大後，心高氣傲，那時連你當娘的都不孝順，常常惡言惡語面對爹媽，忤逆不孝，誰都管不住他。兒子幼小時，就養成目無尊長的個性，此時你請叔叔伯伯來勸他，也是沒有用的。兒子不孝順母親，不懼怕父親，連他的妻子都不顧惜。弄得家徒四壁，連老衣、壽木都被當掉或賣掉。到了這步境地，父母只能將滿腔苦水，白白地向人傾訴。這就是溺愛兒子的報應，好比時木匠套上了自己做的枷鎖。誰不愛自己的兒女呢？但是愛而不教反而把他害了。教育兒女要從小做起，否則等長大以後就不好教了。教媳婦，要從初嫁來的時候做起；教兒女，要從嬰孩兒的時候做起。當兒女幼小時，你把他抱在懷裡，不可讓他又哭又笑。因為一會兒哭，一會兒笑，容易使他養成長大以後做事多反覆不定的性格。要教他從小學會忍讓，學會涵養寬容，要教他不可傷害蟲蟲螞蟻。這些事情雖然很小，但關係很大，只有養成仁慈之心，長大後當官才知民疾苦。有良心的人，不做造孽之事，這都要從小教育才能做到。小時侯，父親罵兒子，你就打兒子，教他不要同品行不好的人一起玩耍。各種事情，你都不護短，自然人人都願意幫助你管教孩子。愛兒女，要愛在心裡，不必要時時掛在嘴巴上。幼小時，疼愛得像心肝寶貝一樣，長大以後，一定對娘不孝順。在兒時，多

勞苦一些，長大以後才肯孝順父母。如果出外遊戲，要告誡他不可貪圖小利。小時候，愛小偷小摸，長大以後，就會去偷金子。但凡做強盜光棍的，都是小時侯沒有家教。溺愛孩子，其實是害了孩子。既然愛孩子，就要牢記聖人的教訓：玉不經過打磨，就不能成為器皿；人不經過學習，就不知道道義。從小教育兒女知道長幼，區別親疏，好好讀書，不要荒廢書本學業。如果孩子放學回家給你講先生惡，你就罵他學習不勤快。教育兒女知道三從四德，國家興亡匹夫有責的道理，做一位寬嚴方法兩用的好家長。

會當家　勤儉持家不可差

十二件，會當家，當家勤儉不可差。
若當家，不勤儉，少衣缺食多貧賤。
只知儉，不知勤，無有生活怎積銀。
只知勤，不知儉，財來財去也有限。
又克儉，又克勤，自然家內多金銀。
果能勤，果能儉，人人見你都欽羨。
雖富貴，要由天，婦人勤儉實為先。
大富命，小富勤，皇天不昧苦心人。
俗語說，能勤謹，自然頓頓都齊整。
若疏虞①，並懶惰，必定朝朝要受餓。
門外刷，門內括，勤儉之家多發達。

何謂勤，說你曉，每日清晨要起早。
家中事，總要勤，一日之計在於寅②。
那早飯，像根繩，不早擺吃拴住人。
命長年③，做事忠，早起三朝當一工。
睡五更，起雞鳴，做活也要早出門。
或做鞋，或繡花，村莊女兒各當家。
打豬草，做菜園，不是織蔴便紡棉。
腳不停，手不住，家業自然多豪富。
官宦家，也要勤，逸則忘善必生淫。

何謂儉，要忍耐，休好吃呷與穿戴④。
有油鹽，和柴米，切莫浪費要經理。
須愛惜，要珍重，兩日勻來三日用。
少餵雞，少餵鴨，莫把穀米來拋撒。
莫做粑，莫熬糖，當家總要惜米糧。
甑腳水，洗碗湯，不可隨手傾溲缸。
叫家人，休懶惰，先將篩箕來瀝過。
或殘湯，有剩飯，不可亂傾來待慢。
古人言，要顧米，你肯顧他他顧你。

講勤儉，固是好，不可一味太狠了。
有米賣，括升斗，總要公平不可苟。
大小斗⑤，使不得，莫使人家受虧折。
或一碗，或半升，窮人原沾富人恩。
拘升鬥⑥，一樣過，不可進飽出偏餓。
他前去，說你好，天地神靈暗相保。
發大富，存良心，積些陰功與兒孫。
這才是，會當家，勤儉二字無有差。

能儉用，自惜福，上蒼與你添衣祿。
又何必，太享盡，不與兒孫留餘分。
縱富豪，也要儉，何不省些濟貧賤。
今世福，前世修，今世積來二世收。
你今世，又不積，來世又將甚麼吃。
太享盡，那個好，多少朱門出餓莩⑦。
況榮華，難到老，先富後貧見多少。

看起來，勤與儉，無論富貴與貧賤。

當家人，宜熟讀，勝過朝山去拜佛。

——〔清〕廖冕嬌《醒閨編·會當家》

題解

本篇選自清刻本《醒閨編》，原列第十二。主要講解勤儉持家的道理，作者認為當家人一勤二儉，加之買賣公平，就能使家庭殷實，豐衣足食。

注釋

①疏虞：疏忽，疏誤。虞，誤。蘇軾《畫車》詩：「上易下難須審細，左提右擎免疏虞。」見《分類東坡詩》卷十二。

②一日之計在於寅：寅，十二時辰之第三，指天亮前三時至五時。宋若昭《女論語·營家章》：「一日之計，唯在於寅。」

③長年：家中的長工。

④呷（下）：飲酒。

⑤大小斗：指大斗進小斗出，是一種奸商式的經營方式。

⑥拘升斗：指稱斤量斗。

⑦朱門出餓莩：指大戶人家衰落破敗。朱門，王侯貴族的住宅。餓莩：餓死者。《孟子·梁惠王上》：「民有饑色，野有餓莩。」

翻譯

第十二個問題，講解勤儉持家的道理。如果當家的人不勤儉，這戶人家往往少衣缺食陷於貧賤的境地。如果只知道儉省，不知道勤勞，沒有生活來源怎能夠積累錢財？如果只知道勤勞，不知道儉省，財來財去也積累有限。又能勤，又

能儉，自然家中多錢財。果然能夠勤儉持家的人，人人見你都羨慕。雖然說人生有命，富貴在天，但是當家主婦勤儉持家實在是一個關鍵。大富大貴，自然是命運的安排，然而小富小貴，的確是由於勤儉，皇天不會辜負勤儉人的一片苦心。俗話說：能勤謹，自然頓頓都豐盛；若懶惰，必定天天都挨餓。出去能夠賺錢，回家能夠節省，這樣的家庭一般都能發達。

什麼叫做勤呢？說給你知道，那就是每天早上要起早。家中做事，總要勤勞，一日之計就在於清晨。早飯要吃得早，否則，早飯就像一根繩子一樣把人拴住，出不了家門。使喚家中的長工，要教他做事忠心，早起三個早晨，就能多做一天的工。五更睡覺，雞鳴起床，家中婦女幹活兒也要早出家門。或者在家做鞋、繡花，農家的兒女早當家。或者出外打豬草，灌菜園。或者在家織麻布，紡棉花。只要一家人腳不停，手不住，家業自然就會慢慢殷實起來。官宦之家，也要勤勞，否則飽暖思淫欲。

什麼叫做儉呢？那就是要克制自己，不能講究吃喝與穿戴。家中的油鹽柴米，要精打細算，兩天的量勻來三天使用，不可浪費。少餵雞，少餵鴨，不要滿地拋灑穀米。不要做粑，不要熬糖，當家的就要愛惜米糧。甑腳水、洗碗湯，不要隨手就倒進廁所裡，可以叫家人用筲箕過濾一遍，將渣滓與殘湯剩飯一起餵養家禽家畜。古人有言：要顧惜米糧，你肯顧惜它，它就肯照顧你。

講究勤儉，固然是好事，但是不能作過頭變成吝嗇。家中有多餘的米出賣，稱斤量斗，總要公平不可欺心。大斗進小斗出的奸商技倆，千萬使不得，不要讓買家受虧損。逢到

災荒年，救濟貧窮人家一碗半升，窮人就會感激富人的恩典。無論是借米還是收糧，升斗要持平，不可以收進來滿滿的，借出去卻不裝滿。借米的人出去到處講你的好話，天地神靈也會暗中保佑你家平安。發財致富之後，要講究天理良心，為兒子兒孫積德積福。這樣做，才是會當家，理解勤儉二字沒有偏差。

　　能勤儉節用，珍惜福分，上天自然會給你增添衣食俸祿。在你這一生，何必要享受用盡呢？應該給兒孫留下一些創業的本錢。縱然食家境豪富，也要儉省，為什麼不省下一些錢來救濟貧苦鄉鄰呢？要知道你今世享有的福分，是你的前輩祖宗做善事修來的；如果你在今世不積累一些陰功，那你的後輩又憑什麼來享福呢？今生享盡榮華富貴的人，後世沒有幾個是好的，你看前代豪門大族的後代子孫，今世有多少不是挨凍受餓流落街頭呢？更何況榮華富貴難以保持到老，前半生富貴後半生貧窮的也大有人在。由此可見，勤勞與儉省的習慣無論貧富之人都是應該保有的。當家的人，應該熟讀這篇文章　比朝山拜佛求菩薩保佑更見功效。

兒女都是自家生
淹溺女嬰罪孽深

十七件，莫淹女，淹女罪孽枚難舉。
想人生，孰無良，惟有淹女毒心腸。
本是你，身上肉，如何把她來誅戮①。
這樣事，都忍著，那樣惡事你不作。
況女兒，來投胎，本是奉著閻王差。
因前世，結下緣，故爾投胎你膝前。
為什麼，才落地，兩眼睜睜望爹媽。
虧了母，忍得手，咽喉細小難開口。
只差說，喊饒命，滿腹含冤自怨恨。
想磕頭，身軟小，恨不起來往外跑。
才出世，就回還，一世人身萬劫難。
來時喜，去時憂，冤魂與你怎甘休。
看雞母，見鷹來，忙把雞兒抱在懷。
那喜鵲，與烏鴉，抱蛋之時怕人拿。
豬與狗，馬與牛，見兒死了淚長流。
生子時，知衛護，人去捉兒便來顧。
雖畜生，尚愛子，何忍把女來淹死？
那老虎，最毒惡，不見把兒來咬嚼。
何況你，是個人，不如走獸與飛禽。
天地間，有陰陽，男女配合有爹娘。

男是陽，女是陰，男子還是女子生。
女比雨，男比晴，晴雨相調萬物成。
只要男，不要女，好比天晴不下雨。
無有雨，天必乾，有兒無女是一般。
況且你，是女身，爹娘何故把你生？
倘爹娘，把女淹，看你心中甘不甘。
你母親，是女子，外婆亦把她淹死。
看你身，從何來，何不思量自揣懷②。
又何嘗，女不好，爲甚將她來淹了。
她本是，來投生，人命關天罪非輕。
人與你，有冤仇，將她殺死問砍頭。
女兒小，未犯法，方才出世就拿殺。
想淹女，圖安樂，天要叫你不快活。
想淹女，免費錢，天要叫你賣田園。
你夫妻，壽與福，並短兒子的衣祿③。
或遠報，或近報，只爭遲早時候到。
那冤魂，怎肯散，又來投胎把你看。
倘若你，不改心，結下冤仇似海深。
從今後，聽我說，各將女兒來撿著。
未淹的，固爲美，若曾淹過急改悔。
做善事，把惡補，有人淹女去勸阻。
將此言，處處說，勝過朝山把福作。

———〔清〕廖兒嬌《醒閨編·莫淹女》節選

題　解

本篇選自清刻本《醒閨編》，原列第十七。作者批駁民間

重男輕女的惡劣風俗，替剛剛出世的女嬰立言，勸善懲惡，用心良苦。

注 釋

①「她」字原作「他」，古書本通用，今按現行用字習慣改，下同。
②自揣懷：自己捫心自問。
③衣祿：衣食俸祿。

翻 譯

第十七個問題是，不要淹死女嬰，淹死女嬰的罪惡難以枚舉。想想人生在世，誰能沒有良心呢？惟有淹死女嬰是毒辣心腸的表現。女嬰本是娘身上的一塊肉，為什麼狠心把她淹死呢？這樣的事你都敢做，還有什麼壞事你做不出來？何況女兒來投胎，本來是奉著閻王爺的差遣，因為前世結下因緣，所以今世才投生到你家。為什麼，剛剛出生，頃刻之間就被淹死呢？你看她，快淹死的時候，睜著兩隻小眼睛望著爹媽。也是當媽的下得毒手，女嬰口小還不會說話。如果會說話，定會喊饒命，傾訴滿腹的怨恨。女嬰想磕頭，但身體軟小，想逃跑，又站不起來。剛剛出世，就被打回頭，真是一世人生遭到萬劫難復的災難。她來投生的時候，滿心歡喜；她回地下的時候，滿腹憂愁。她的冤魂怎肯與你善罷甘休？你看那母雞，看到老鷹飛來，趕緊把小雞抱在懷裡。你看那喜鵲和烏鴉，在孵蛋的時候，最怕被別人拿走。豬狗和馬牛，見幼崽死了，也眼淚長流。生崽時，畜生都知道衛護，有人去逮幼崽，就會衝過來保護。雖然是無情的畜生，尚且知道愛護幼子，你是有情的人，怎麼捨得把女兒淹死？

那老虎，是最兇惡的野獸，但從來不會把虎兒吃掉。何況你，是個人，還不如走獸與飛禽。天地間，萬事萬物都是陰陽相配，男女配合才會有爹娘。男子是陽，女子是陰，男子都是女子生的。女子好比是雨，男子好比是晴，晴雨互相調和，萬物才能生成。如果只要男，不要女，就好比只是天晴而不下雨。天不下雨，必然乾旱，有兒無女的狀況就像天氣乾旱一樣。況且你本身也是女子身，你的爹娘為什麼生養你呢？如果是你的爹娘在你剛出生的時候把你也淹死了，你的心中甘願不甘願呢？你的母親，也是一介女身，如果你的外婆把她也淹死了，那還會有你嗎？你自己的身體是從何而來的，為什麼不捫心自問呢？生女有什麼不好呢？為什麼要把她淹死呢？她是一條活生生的人命，人命關天犯罪不輕。你殺死的即使是一個仇人，也犯下了死罪；更何況你的女兒並未犯法，剛出世就被殺死，該當何罪呢？你想淹死女兒，貪圖安樂，天要叫你從此以後不得快活。你想淹死女兒，以免浪費錢財，天要叫你窮得賣掉田園。你夫妻倆的福壽同你們兒子的衣食俸祿都要受到你淹女的影響。報應或遠或近一定要來，只是來早或來遲的區別。被你淹死的女嬰的冤魂，不肯消散，或許會第二次選擇你來投胎。如果你死心不改，那就與女嬰的怨魂結下了海一樣的深愁。從今以後，大家都聽我的話，各人把女兒好好撫養起來。沒有淹過女兒的，固然是好的；即使曾經犯過淹女錯誤的，也允許改過自新。通過做善事，來彌補過錯。聽說有人準備淹女，就急忙去勸阻。把我的話到處傳揚，比朝山拜佛祈求幸福更有效驗。

女兒經作法則
女兒遵循多賢德

女兒經，仔細聽。早早起，出閨門。
燒茶湯，敬雙親。勤梳洗，愛乾淨。
學針線，莫懶身①。父母罵，莫作聲。
哥嫂前，請教訓。火燭事，要小心。
穿衣裳，舊如新。做茶飯，要潔淨。
凡笑話，莫高聲。人傳話，不要聽。
出嫁後，公姑敬②。丈夫窮，莫生嗔。
夫子貴，莫驕矜。出仕日，勸清政。
撫百姓，勸寬仁。我家富，莫欺貧。
借物件，就奉承。應他急，感我情。
積陰德，貽子孫。夫婦和，家道成。
妯娌們，要孝順。鄰舍人，不可輕。
親戚來，把茶烹。尊長至，要親敬。
粗細茶，要鮮明。公婆言，莫記恨。
丈夫說，莫使性。整肴饌，求豐盛。
著醬醋③，要調勻。用器物，洗潔淨。
都說好，賢慧人。夫君話，就順應。
不是處，也要禁。事公姑，如捧盈④。
修己身，如履冰。些小事，莫出門。
坐起時，要端正。舉止時，切莫輕。

衝撞我，衹在心。分尊我⑤，固當敬。
分卑我，也莫淩。守淡薄，安本份。
他家富，莫眼熱。行嫉妒，損了心。
勤治家，過光陰。不伶俐，被人論。
若行路，姊在前，妹在後。若飲酒。
姆居左⑥，妯居右。公婆在，側邊從。
慢開口，勿糊言。齊捧杯，勿先嘗。
即能飲，莫儘量。沈醉後，恐顛狂。
一失禮，便被談。肴面物，先奉上。
骨投地，禮所嚴。動匙著，忌聲響。
出席時，隨尊長。客進門，緩緩行。
急趨走，恐跌傾。遇著人，就轉身。
洗鍾盞，輕輕頓。壇和罐，緊緊封。
公姑病，當殷勤。丈夫病，要溫存。
爹娘病，時時問。姑兒小，莫見盡⑦。
叔兒幼，莫理論。裡有言，莫外說。
外有言，莫內傳。勤紡織，縫衣裳。
烹五味，勿先嘗。造酒漿，我當然。
無是非，是賢良。姆嬸事，決莫言。
若了知，兩參商⑧。伯叔話，休要管。
勿唧唧，道短長。孩童鬧，規己子。
是與非，甚勿理。略不遜。訟自起。
公差到，悔則遲。裡長到，不可嗔。
留飲酒，是人情。早完糧，得安寧。
些小利，莫見盡。論彼此，俗之人。
學大方，人自稱。曬東西，也莫輕。

穢汙衣，尋僻靜。恐人見，起非論。
他罵我，我不聽。不回言，人自評。
升斗上，要公平。買物件，莫虧人。
夫君怒，說比論⑨。好言勸，解愁悶。
夫罵人，莫齊逞⑩。或不是，陪小心。
縱懷憾，看你情。禍自消，福自生。
有兒女，不可輕。撫育大，繼宗承。
或耕耘，教勤謹。或讀書，莫鄙吝。
倘是女，嚴閨門。訓禮義，教孝經。
能針黹，方成人。衣服破，縫幾針。
鞋襪破，被人論。是不是，自己尋。
爲人母，所當慎。奴婢們，也是人。
飲食類，一般平。不得處，且寬忍。
十分刻，異心生。若太寬，便不遜。
最難養，是小人。再叮嚀，更警心。
妯娌多，都一心。本等話⑪，莫生嗔。
同茶飯，莫吵分。一鬧嚷，四鄰聽。
任會說，非爲能。吵家的，個個論。
公姑聞，不安寧。各自居，也要命。
命不遇，只是貧。那時節，才恥論。
這等事，當自忖。管家娘，更須聽。
趕捉牲，莫紛紛。動宰割，忍刀聲。
親鍋廚，休錚錚。最不孝，斬先脈⑫。
夫無嗣，勸娶妾。繼宗祀，最爲切。
遵三從，行四德。習禮義，難盡說。
看古人，多賢德。宜以之，爲法則。

——〔清〕佚名《女兒經》

題解

本篇為清光緒三十四年屯溪聚文堂校印本。《女兒經》是一本宣揚婦女須遵循的封建禮教的通俗讀物，大約出版於明朝，經過不斷增刪在民間流行甚廣。主要版本有明萬曆、天啟間趙南星加注印行的《女兒經》。署「壬戌初冬」天津高氏版的《裘氏女兒經》。清同治年間，賀瑞麟加以改編的《改良女兒經》。清光緒三十四年屯溪聚文堂校印的《女兒經》等。除賀瑞麟改編者外，其他各本的內容差別不大。本文在民間流傳甚廣。

注釋

⑴懶身：使身體懶惰，即偷懶。

⑵公姑敬：「敬公姑」的倒裝，公姑指公公婆婆。

⑶著醬醋：指調拌作料。

⑷如捧盈：好像小心翼翼地端著滿滿一盆水一樣，比喻侍奉公婆的態度要小心謹慎。

⑸分尊我：輩分比我高。下文的「分卑我」，即輩分比我低。

⑹姆：弟妻對嫂子的稱呼。清人以左為尊，故「姆居左」。

⑺莫見盡：不要一般見識。

⑻參商：二星名。參在西，商在東，此出彼沒，永不相見。比喻自己不在姆、嬸之間傳話。

⑼說比論：打比方，委婉相勸。

⑽莫齊逞：不要逞強與別人比高低。

⑾本等話：指閨閣家常話。

⑫最不孝，斬先脈：即古人所說：「不孝有三，無後為大。」

翻 譯

　　女兒經，要仔細聽。每天早早起床，走出閨門。趕緊燒好茶水湯水，敬奉雙親。自己勤快地梳頭洗臉，愛好乾淨。學習針線女紅，不要偷懶。父母責罵，不要開口頂嘴。哥哥嫂嫂跟前，要恭敬地請求教訓。火燭之類事情，要特別小心審慎。穿舊的衣服，要像穿新衣服一樣，注重整潔。煮茶做飯，要做得乾淨俐落。說笑話，不要高聲大氣，旁若無人。有人傳播小話，不要聽信。出嫁以後，要孝敬公公婆婆。丈夫如果家境貧窮，不要嗔怪他。丈夫或兒子顯貴，自己不要驕傲矜持。在丈夫或兒子出去當官的時候，要勉勵他們廉潔奉公。對待百姓，要寬仁為懷。自己家境豪富，不要欺負窮人。有人來借東西，就爽快地借給他。救了他的急，他會感念我的情。今生今世，要做些善事，積些陰德，留給子孫。夫婦和諧，家庭圓滿。妯娌之間，要互相友好。鄰居之間，不可輕慢。有親戚來，先上熱茶。有長輩到，要親切尊敬。粗茶細茶，要區分清楚。公公婆婆責怪兩句，不要放在心上。丈夫責怪兩句，自己不要使性子發脾氣。下廚房，做飯菜，力求豐盛。調醬醋，拌汁水，一定要均勻。器物使用之後，要清潔乾淨。讓大家都說你使一位賢慧的好媳婦。夫君有好注意，就順從他。夫君有不是處，要好言解勸。侍奉公公婆婆，要小心謹慎，就像捧著滿滿一碗水一樣，深怕拋灑出來。修養自己的心身，就像走在剛結一層薄冰的河面上一樣，戰戰兢兢，深怕出錯。為了一點點小事，不隨便走出家門。坐姿站姿都要端端正正，言行舉止，絕不輕佻。別人衝

撞自己，只是記在心裡，不要掛在臉上。親戚如果輩分高於我，我自然應該尊敬他；如果輩分低於我，我也不可以輕視他。淡薄功利之心，安於自己的本分。別人家富裕，我不眼熱，如果嫉妒別人，那就損害了自己的心胸。勤儉持家過日子，針線活兒心靈手巧，以免被人議論。如果走路，讓年長的走在前面；如果飲酒，要坐在嫂子的右下邊。如果公婆在，就依附於公婆的側邊。說話不要搶先開口，不要胡言亂語。眾人一起捧杯，自己不要先嘗。即使自己有酒量，也不要放開暢飲，避免醉後失態。一失態，就會招人議論。席桌上菜餚上來，請坐在上位的尊長先品嘗。吃剩的骨頭放在空盤裡，不要吐在地上。吃東西的時候，筷子調羹不要弄出聲響。離開席桌時，要讓尊長先行。做客進門時，要緩緩行走，謹防跌跤；對面見來人，就側身讓路。洗碗盞時，要輕拿輕放，避免碰碎。家中盛米裝菜的罈罈罐罐，要把口子緊緊封好。公公婆婆病了，要殷勤侍侯；丈夫病了，要溫存體貼。娘家爹娘病了，要時時問候。小姑子脾氣強，不要同她一般見識。小叔子年幼，不要同他爭論。家裡的話，不要拿到外面去說。在外聽到閒言碎語，不要傳回家裡來。整天勤快地紡紗織布，縫補衣裳。在廚房裡烹調食物，不要貪嘴先嘗。造酒漿飲料，是我當然的本分。遠離是非，就是賢良媳婦。嫂嫂嬸嬸的瓜葛，不要插言。如果聽說了，要像對待參星和商星那樣，絕不在雙方之間過話。伯伯叔叔之間的是非短長，自己也不要過問。不要像某些長舌婦那樣，唧唧喳喳，飛短流長。孩童之間打鬧，只責罵自己的孩子。不要管人際關係的是是非非，弄得不好，鬧上官府訴訟，公差來抓人，那時後悔也遲了。里長來巡視，不可得罪，留他飲酒，

是人之常情。早早地交完公糧，免得官府找麻煩。些須小利，不要算得太精，彼此計較，只是庸俗之人。為人大大方方，別人自然誇獎你。晾曬東西，也不可輕易，汙穢小衣，晾曬在僻靜處，以免旁人看見非議。別人罵我，我不理睬他，也不同他對罵，旁人自有公論。買賣東西要公平，稱斤量斗，不要虧待別人。夫君發怒，要打比方，好言相勸，解除他的愁悶。夫君罵我，不要逞強與他對罵，如果是我的不是，就道個歉陪個小心。夫君縱然有遺憾，看在你的情面上，災禍自然消除，幸福自然滋生。有兒女之後，不可掉以輕心，要用心把他們撫養長大，讓他們繼承宗室。如果是男孩，或者種田，教他勤勤懇懇，不誤農時；或者讀書，教他不要迂腐吝嗇。如果是女孩，教他嚴格閨門規矩，誦讀《孝經》。擅長針黹女紅，衣服破了，自己能夠縫補。否則，穿著破鞋襪，會被人譏笑。是不是這個道理，女兒們可以自己尋思一番。作為當家主婦，要善待奴婢下人，拿他們當人看，寬嚴適度地對待他們。如果十分刻薄，會導致他們產生悖逆之心；如果過於寬鬆，他們便會出言不遜。孔子曾說小人最難養，所以對他們要提高警惕。家中妯娌姊妹多，要和氣相處，閨閣中的閒言碎語，不要怪罪她們。同桌飲茶吃飯，不要大聲喧嘩，吵吵鬧鬧，以免騷擾四鄰。能說會道，不是本事；在家中吵吵鬧鬧的，個個都被人背後議論。公公婆婆聽見吵鬧，不得安寧。分開單獨居住，夫妻倆也難以協調。命中不遇，那還只是貧窮；如果夫妻爭吵反目，那時節才被眾人恥笑議論。這種事情，婦女應該自己忖度一番，反省自己的所作所為。尤其是當家的婦女，更應該重視。家中趕捉牲畜，不要亂紛紛一擁而上，動刀宰割，不要把刀碰響。自己

下廚，不要把鍋瓢碗盞弄得山響。不孝有三，無後為大。如果自己沒有子嗣，就要勸丈夫納妾，因為繼承宗祀香火不滅，乃是家族的頭等大事。婦女要遵守三從四德的老規矩，學習各種各樣的禮儀。看看古人，有許多賢德女子，應該以她們作為效法的榜樣。

閨訓千字文　規勸女兒行

凡爲女子，大理須明。溫柔典雅，四德三從①。
孝順父母，惟今是行。問安侍膳，垂手斂容。
言詞莊重，舉止消停。戒談私語，禁出惡聲。
心懷渾厚，面露和平，裙衫潔淨，何必綢綾？
梳妝謹慎，脂粉休濃。黃昏來往，秉燭擎燈。
閨房嚴肅，方謂賢能。勿效諂媚，毋縱驕侈。
鹵莽浮躁，非人所宜。偶然獲咎，宛轉熟思。
苟云己錯，推諉則愚。聽話未眞，豈可猜疑？
當察事務，百樣該知。通文達義，應變隨機。
揀柴執爨，煮茗焚香，補拆漿洗，繡鳳描凰。
針線精致，裁剪審詳。最忌懶惰，活計匆忙。
紡績粗率，肌膚醃髒。髮蓬鬢垢，氣蠢形慌。
東村西舍，串遍街坊。詼諧嬉謔，道短說長。
欺壓弱幼，忤逆爹娘。臉橫暴厲，腹隱豪強。
嬉笑喧嘩，忿怒激揚。抗違訓誨，傲慢矜張。
爭奩競產，罔顧羞惶。又有下等，故作輕狂。
妖冶打扮，豔麗衣裳。弄帶掀唇，銜袖托腮。
畏狐懼鬼，樂禍幸災。高啼低嗽，假怕盧哀。
偷觀斜視，性僻情乖。殊失閨範②，淫賤之材。
及笄於歸③，綱紀攸關，前生夙分，今世姻緣。
敬奉公婆，戲彩承歡④。攙扶伺候，納綻縫連。
進服獻履，引扇加綿。調合五味，捧遞美餐。

緩急答對，焉敢侮訕。欽尊姑舅，更勝椿萱⑤。
夫妻匪易，契注朱繩。冰媒月妁，兩勝相逢。
位法天地，藹睦謙恭。敦質立品，貞烈咸稱。
贊功警過，化俗移風。仰仗企望，苦共甘同。
庸癡醜陋，富貴貧窮。胎元造定，星命排成。
饑寒固守，寵辱無驚。牝雞司晨⑥，刁悍傳聞。
愧增宗祖，臭遺鄉鄰。請依斯論，如鼓瑟琴。
設遇不測，中路離群⑦。悲泣慟切，涕泗沾襟。
俠腸鐵膽，玉碎珠沈。捐軀殉歿，雖死猶存。
伯叔姐妹，兄弟甥侄。瓜葛誼眷，緦麻齊衰⑧。
親疏遠近，周恤提攜。殷勤暢敘，酬酢報施。
御奴使婢，兼寓恩威。仁慈寬恕，賞罰箴規。
興利除弊，杜漸防微。諒度差遣⑨，斟酌指揮。
內外感佩，巾幗鬚眉。鞭笞杖撻，凌虐苛求。
酷刑慘拷，匿恨挾仇。巨族勳戚，姬妾多繁。
量宏意美，原宥海涵。刻毒嫉妒，吵鬧難堪。
暗遭唾罵，自覺汗顏。居稠處眾，靜穆醇良。
收拾物件，照料田場。豬羊牛犬，修廄圈牆。
孳牲牧放，餵秕飼糠。耕耘餉餷⑩，謀儲稻粱。
金銀泉幣，寄庫堆倉。紗羅絲絹，貯櫃盛箱。
油鹽醬醋，罐甕封裝。檢點篋笥，曬晾書章⑪。
俾免拋棄，鼠竊蟲傷。樓臺亭榭，屋宇庭堂。
灑掃汙穢，擦揮含光。栽植樹木，討究蠶桑⑫。
布帛取資，織染弗荒。去奢尚儉，記算絀餘⑬。
先籌預備，撙節費糜⑭。年積日累，展業榮基。
操持井臼，起早眠遲。寸陰荏苒，空負籲欷。

宴賓集客，款曲盤桓。婚喪弔賀，禮數優全。
整頓器皿，擺列華筵。肴饌豐盈，蔬菜新鮮。
挈壺勸飲，酒飯頻添。貪鄙嗇吝，惹恥招嫌。
僧尼覡巫⑮，拒絕回避。信邪賽會⑯，鎮魔魘魅。
冥遣折福，雷霆誅罪。險哉若輩。狡詐僞訛。
騙財蠱惑，褻瀆神佛。倘被蔽混，致玷清白。
劬勞乳哺，眷養嬰兒。繃緥沐浴，偎就乾濕。
體貼飽暖，驅蚊捉虱。發瘰患疹，配藥延醫。
童蒙初啓，諸藝嫻習。始教揖讓，繼導忠直。
希師覓友，開講擬題。誦讀孔孟，吟詠經詩。
爰崇斷抒⑰，聿仿畫獲⑱。顯登科甲，國治家齊。
婿擇佳士，婦選淑姿。一般骨血，莫較庶嫡。
偏憎溺愛，悖矣謬極。予撰此篇。限用千字。
試佐坤儀⑲，稍伸裨益。願彼後學，步跡追蹤。
爾其勉力，壽享遐齡⑳。

——〔清〕佚名《閨訓千字文》

題　解

　　本篇選自清刻本《閨訓千字文》。《千字文》本是南朝周
興嗣編寫的一種童蒙識字課本，後來有注釋、續編、改編本
達數十種之多。參見清顧炎武《日知錄》卷二十一《千字
文》。本篇是作者仿照千字文四字一句，對偶押韻的形式，編
寫的一種女訓教材。文中以傳統女訓的「三從四德」為綱，
教導婦女尊敬公婆、順從丈夫、勤儉持家、培育子女等等。
尤其是文中提到「僧尼覡巫」等，「騙財蠱惑，褻瀆神佛」，
把真正的宗教信仰與利用宗教儀式騙取錢財的行為區分開

來，這對今人不無啟發意義。

注釋

①四德三從：四德指婦德、婦言、婦容、婦紅。見《禮記·郊特牲》及《昏義》。三從指幼從父兄、出嫁從夫、夫死從子。見《大戴禮記·本命》。

②閫（ㄎㄨㄣˇ）範：婦女的品德規範。

③及笄於歸：及笄，古代女子結髮上簪的成年儀式，一般十五及笄。見《禮記·內則》。於歸，古代女子出嫁。典出《詩經·周南·桃夭》：「之子於歸，宜其室家。」

④戲彩承歡：相傳春秋時楚國隱士老萊子年近七十，而父母猶存，常常身著五彩衣而嬉戲娛親。見《初學記》卷十七《孝子傳》。後世常用作孝敬父母的典故。

⑤欽尊姑舅，更勝椿萱：意謂尊敬公婆，更勝於尊敬父母。姑舅，指公婆。椿萱指父母。唐牟融《送徐浩》詩：「知君此去情偏切，堂上椿萱雪滿頭。」見《全唐詩》卷四六七。

⑥牝（ㄆㄧㄣˋ）雞：母雞。《尚書·牧誓》：「牝雞無晨。牝雞之晨，惟家之索。」此用母雞不能代替公雞晨鳴，比喻女子不能代替男子發號司令。

⑦中路離群：指丈夫亡故，中年守寡獨居。

⑧緦麻齊衰：緦麻，喪服名，五服中最輕的一種，用稀疏的細麻布做成孝服，服喪三月。這是為遠親中長輩服喪的方式。參見《儀禮·喪服》。

⑨諒度差遣：諒度，同「量度」。意謂對下人的使喚差遣要適度。

⑩饁（ㄧㄝˋ）：給耕作者送食。《詩經·豳風·七月》：「饁彼南畝。」

⑪書章：書籍。

⑫討究蠶桑：研究有關蠶桑養殖的學問技術。

⑬紬餘：不足或剩餘。《鶡冠子・世兵》：「早晚紬贏，反相殖生。」

⑭撙節費靡：節省費用。《管子・五輔》：「節飲食，撙衣服，則財用足。」

⑮覡（ㄒㄧ）巫：為人禱祝鬼神的男女巫的合稱。巫：女巫，覡：男巫。

⑯信邪賽會：信仰歪門邪道，熱衷於迎神廟會。

⑰爰崇斷抒：爰，語氣助詞。全句意謂崇尚孟母斷織教子的故事。孟子少時，廢學歸家，孟母正在紡織，因引刀斷其機織，說：「子之廢學，若吾斷斯織也」。孟子因勤學自奮，遂成大儒。見劉向《列女傳》卷一。《三字經》：「昔孟母，擇鄰處。子不學，斷機杼。」

⑱聿仿畫荻：聿，語氣助詞。全句意謂仿照歐陽修母親教子的故事。歐陽修四歲而孤，母鄭氏親教之學，家貧，不能具紙筆，以荻（蘆葦稈）畫地學書。見《宋史》卷三一九。

⑲坤儀：女性禮儀。《易經・繫辭上》：「乾道成男，坤道成女。」

⑳遐齡：高齡，長壽。

﹝翻　譯﹞

　　凡是作為女子，都要明白一個根本的大道理：即性格要溫柔典雅，要遵守三從四德的婦女禮儀規範。要孝順父母，聽從父母的命令指揮。早晚請安，侍奉用膳，垂手侍立，收斂笑容。言辭要莊重，舉止要安寧。不談私房話，說話不要惡聲惡氣。心地純潔渾厚，面露和平氣象。布料衣衫乾乾淨淨，不必一定穿綾羅綢緞。謹謹慎慎地梳妝打扮，擦脂抹粉不要太濃。黃昏時節來往走動，一定要點著蠟燭或提著燈籠。嚴守閨房規矩，才是賢良能人；不要諂媚妖豔，不要驕奢淫逸。魯莽浮躁的作風，不是正人君子應該有的。偶然被

人指責，應該仔細反省，如果的確是自己的錯，那就勇敢地承認，推諉過錯是愚蠢的行為。聽話沒有聽真切，不可胡亂猜疑。應當審察的事物，每樣都應該知曉，知書識禮，通文達義，隨機應變。拾柴作飯，煮茶焚香，補衣洗衣，繡鳳描龍，針黹裁剪，樣樣精通。最忌諱懶惰，做活匆匆忙忙，偷工減料，紡織粗率。又不會收拾自身，皮膚骯髒，頭髮不梳，形象愚蠢，神情慌張。有的人東村西舍，到處串門，恣意調笑，說長道短，招惹是非。有的人欺壓幼童，忤逆爹娘，臉生橫肉，暗藏著豪強霸道的心態，嬉笑喧嘩，旁若無人，不聽長輩教誨，態度傲慢囂張。有的人爭奪妝奩，比賽私房，不顧羞恥，心地不良。更有下一等的，打扮妖冶，衣裳豔麗，搔首弄姿，銜袖托腮，故意作出輕狂姿態。有的人大驚小怪，怕狐狸懼鬼神，幸災樂禍，高聲尖叫，低聲咳嗽，作出虛假的悲哀姿態。有的人斜著眼睛看人，性格孤僻乖張。凡此之類，都是失去了閨範標準的淫賤之人。正經的女子，到了結婚的年齡，牢記三從四德的綱紀，想著前生的緣分，才造就今世的姻緣。到婆家以後，要孝敬公婆，學習老萊子彩衣娛親。隨時攙扶侍侯，為老人縫縫補補，送衣送鞋，夏天打扇，冬天加棉，調和五味，送湯送飯。老人招呼，趕緊應對，不能用言語刺激老人。尊敬公婆，更要勝過尊敬爹娘。夫妻一場，不是容易的事，媒婆、月老，把兩人用紅線拴在一起。夫妻的關係要效法天與地一樣，陰陽相配，謙恭和睦，相敬如賓。丈夫品格正直，妻子貞烈相配。對丈夫的功勞，要經常誇獎；對丈夫的過錯，要及時警告。同甘共苦，化俗移風，作出表率。人生長相或嬌媚或醜陋，家境或富貴或貧窮，都是天生注定，星相排成。要作到身處

饑寒，固守本志；無論寵辱，處之泰然。有一等婦人，學公雞打鳴，以刁蠻強悍著稱。這只能使祖宗羞愧，被鄉鄰唾棄。夫妻能遵守我的教誨，就會如琴瑟和鳴一樣，幸福吉祥。假使遭遇不測之禍，丈夫過世，中年守寡。妻子悲痛欲絕，涕泗沾襟。有一等俠肝義膽的剛烈女子，立志守節，為夫捐軀，感天動地，精神永存。叔伯兄弟姊妹，瓜葛親戚，家有喪事，也要服麻同哀。遠親近戚，撫恤提攜，殷勤慰問，友好往來。使用下人，恩威並施，本著仁慈寬厚的心腸，訂下該賞該罰的規定。興利除弊，防微杜漸，通盤指揮，適度差遣。讓家裡家外人人感佩，誇你為巾幗中胸懷寬廣的大丈夫。有的婦人，對下人過於嚴厲，動輒鞭抽棍打，凌辱苛求。嚴刑拷打的結果，只能使下人懷恨挾仇，主人家一不小心，就會遭到下人的報復。有的婦女，出嫁到大戶人家，妻妾眾多，自己必須寬宏大量，別人無意中傷害了自己，可以原諒包涵；否則互相刻毒嫉妒，整個家庭吵吵鬧鬧，難得安寧；暗地遭人唾罵，自己也覺得汗顏。當家婦女，居處稠人之中，須得保持靜穆純良得本性，作一位照料全局，勤快能幹的管家。收拾好家中物品，照料好田地農場，餵養好豬羊牛犬，修理好豬圈圍牆。出外放牧，餵養家禽，為耕地的人送飯，為來年留足種子。穀米豆粟，堆放倉庫。金銀細軟，鎖進箱櫃。油鹽醬醋，封緊罈罐。檢點書房，晾曬書籍，不要拋棄字紙，避免鼠竊蟲傷。家中的樓臺亭榭，屋宇廳堂，要勤於打掃，除去汙穢，抹光台面。庭院裡，要栽植樹木，最好栽種可以養蠶的桑樹，紡織印染，不可荒廢。力戒奢侈，崇尚節儉，計劃開支，先行籌備，日積月累，家道富裕。治家之道，在於勤勞。汲水舂米，起早睡

晚。日月如梭，不可耽誤。家中有宴會招待客人，女主人要
款款曲曲，周旋其間。親戚朋友有婚喪弔賀之事，女主人要
細心安排，禮數周全。家中宴客，要整頓器皿，擺列華宴，
菜餚豐盛，蔬菜新鮮。女主人提壺勸飲，頻繁地添酒填飯。
如果表現出吝嗇的模樣，那就要招人恥笑嫌棄。和尚尼姑，
男巫女巫，一概迴避，邪門歪道的賽神會，鎮魔驅妖的假道
士，陰間陽間往返的巫婆，招引雷公電母的方士，這等人陰
險狡詐，騙取錢財，蠱惑人心，褻瀆神佛。如果被他們蒙
蔽，那就玷污了自己的清白。生養孩子的婦女，辛勞地為嬰
兒哺乳，為孩子沐浴，包裹好襁褓。自己睡孩子尿濕的地
方，讓孩子睡乾的地方。細心照料孩子的饑飽冷暖，為孩子
驅趕蚊蟲，捉拿蝨子。如果孩子生病，為孩子請醫生配藥
物，百般辛勞。孩子成童，就要注重孩子的教育。一方面注
重禮義廉恥的教育，培養孩子忠直的品性；另一方面，注重
積累知識的教育，為孩子聘請良師益友，教孩子誦讀孔子、
孟子的文章，吟詠《詩經》中的詩歌。為孩子講解孟母斷
杼、歐陽母畫荻的故事，鼓勵孩子走科舉的正路，實現修身
齊家治國平天下的人生理想。孩子到了婚嫁的年齡，為女兒
選女婿，要選才華佳勝的才子。為兒子選媳婦，要選賢慧的
淑女。無論是嫡出庶出，都是丈夫的骨肉，應該一視同仁。
如果偏心溺愛，真是荒謬已極！我撰寫這篇文章，限制只用
一千字。用意在於輔佐婦女規範，有益於世。希望後世學
者，追蹤前賢的遺德。各位婦女努力實踐這篇訓詞，可以保
佑你們長命百歲。

女誡　〔漢〕班昭（惠班）

　　鄙人愚暗，受性不敏，蒙先君之餘寵，賴母師之典訓。年十有四，執箕帚于曹氏，於今四十餘載矣。戰戰兢兢，常懼絀辱，以增父母之羞，以益中外之累。夙夜劬心，勤不告勞，而今而後，乃知免耳。吾性疏頑，教道無素，恆恐子穀負辱清朝。聖恩橫加，猥賜金紫，實非鄙人庶幾所望也。男能自謀矣，吾不復以為憂也。但傷諸女方當適人，而不漸訓誨，不聞婦禮，懼失容它門，取恥宗族。吾今疾在沈滯，性命無常，念汝曹如此，每用惆悵。間作《女誡》七章，願諸女各寫一通，庶有補益，裨助汝身。去矣，其勗勉之！

　　卑弱第一。古者生女三日，臥之床下，弄之瓦磚，而齋告焉。臥之床下，明其卑弱，主下人也。弄之瓦磚，明其習勞，主執勤也。齋告先君，明當主繼祭祀也。三者蓋女人之常道，禮法之典教矣。謙讓恭敬，先人後己，有善莫名，有惡莫辭，忍辱含垢，常若畏懼，是謂卑弱下人也。晚寢早作，勿憚夙夜，執務私事，不辭劇易，所作必成，手跡整理，是謂執勤也。正色端操，以事夫主，清靜自守，無好戲笑，潔齊酒食，以供祖宗，是謂繼祭祀也。三者苟備，而患名稱之不聞，黜辱之在身，未之見也。三者苟失之，何名稱之可聞，黜辱之可遠哉！

　　夫婦第二。夫婦之道，參配陰陽，通達神明，信天地之弘義，人倫之大節也。是以《禮》貴男女之際，《詩》著《關雎》之義。由斯言之，不可不重也。夫不賢，則無以御

婦；婦不賢，則無以事夫。夫不御婦，則威儀廢缺；婦不事夫，則義理墮闕。方斯二事，其用一也。察今之君子，徒知妻婦之不可不御，威儀之不可不整，故訓其男，檢以書傳。殊不知夫主之不可不事，禮義之不可不存也。但教男而不教女，不亦蔽於彼此之數乎！《禮》，八歲始教之書，十五而至於學矣。獨不可依此以為則哉！

敬慎第三。陰陽殊性，男女異行。陽以剛為德，陰以柔為用，男以強為貴，女以弱為美。故鄙諺有云：「生男如狼，猶恐其尪；生女如鼠，猶恐其虎。」然則修身莫若敬，避強莫若順。故曰敬順之道，婦人之大禮也。夫敬非它，持久之謂也；夫順非它，寬裕之謂也。持久者，知止足也；寬裕者，尚恭下也。夫婦之好，終身不離。房室周旋，遂生喋黷。喋黷既生，語言過矣。語言既過，縱恣必作。縱恣既作，則侮夫之心生矣。此由於不知止足者也。夫事有曲直，言有是非。直者不能不爭，曲者不能不訟。訟爭既施，則有忿怒之事矣。此由於不尚恭下者也。侮夫不節，譴呵從之；忿怒不止，楚撻從之。夫為夫婦者，義以和親，恩以好合，楚撻既行，何義之存？譴呵既宣，何恩之有？恩義俱廢，夫婦離矣。

婦行第四。女有四行，一曰婦德，二曰婦言，三曰婦容，四曰婦功。夫云婦德，不必才明絕異也；婦言，不必辯口利辭也；婦容，不必顏色美麗也；婦功，不必工巧過人也。清閒貞靜，守節整齊，行己有恥，動靜有法，是謂婦德。擇辭而說，不道惡語，時然後言，不厭於人，是謂婦言。盥浣塵穢，服飾鮮潔，沐浴以時，身不垢辱，是謂婦容。專心紡績，不好戲笑，潔齊酒食，以奉賓客，是謂婦

功。此四者，女人之大德，而不可乏之者也。然為之甚易，唯在存心耳。古人有言：「仁遠乎哉？我欲仁，而仁斯至矣。」此之謂也。

專心第五。《禮》，夫有再娶之義，婦無二適之文，故曰夫者天也。天固不可逃，夫固不可離也。行違神祇，天則罰之；禮義有愆，夫則薄之。故《女憲》曰：「得意一人，是謂永畢；失意一人，是謂永訖。」由斯言之，夫不可不求其心。然所求者，亦非謂佞媚苟親也，固莫若專心正色。禮義居潔，耳無塗聽，目無邪視，出無冶容，入無廢飾，無聚會群輩，無看視門戶，此則謂專心正色矣。若夫動靜輕脫，視聽陝輸，入則亂髮壞形，出則窈窕作態，說所不當道，觀所不當視，此謂不能專心正色矣。

曲從第六。夫「得意一人，是謂永華；失意一人，是謂永訖」，欲人定志專心之言也。舅姑之心，豈當可失哉？物有以恩自離者，亦有以義自破者也。夫雖云愛，舅姑云非，此所謂以義自破者也。然則舅姑之心奈何？固莫尚于曲從矣。姑云不爾而是，固宜從令；姑云爾而非，猶宜順命。勿得違戾是非，爭分曲直。此則所謂曲從矣。故《女憲》曰：「婦如影響，焉不可賞！」

和叔妹第七。婦人之得意於夫主，由舅姑之愛己也；舅姑之愛己，由叔妹之譽己也。由此言之，我臧否譽毀，一由叔妹，叔妹之心，復不可失也。皆莫知叔妹之不可失，而不能和之以求親，其蔽也哉！自非聖人，鮮能無過！故顏子貴於能改，仲尼嘉其不貳，而況婦人者也！雖以賢女之行，聰哲之性，其能備乎！是故室人和則謗掩，外內離則惡揚。此必然之勢也。《易》曰：「二人同心，其利斷金。同心之

言，其臭如蘭。」此之謂也。夫嫂妹者，體敵而尊，恩疏而義親。若淑媛謙順之人，則能依義以篤好，崇恩以結援，使徽美顯章，而瑕過隱塞，舅姑矜善，而夫主嘉美，聲譽曜於邑鄰，休光延于父母。若夫蠢愚之人，于嫂則託名以自高，于妹則因寵以驕盈。驕盈既施，何和之有！恩義既乖，何譽之臻！是以美隱而過宣，姑忿而夫慍，毀訾布於中外，恥辱集於厥身，進增父母之羞，退益君子之累。斯乃榮辱之本，而顯否之基也。可不慎哉！然則求叔妹之心，固莫尚於謙順矣。謙則德之柄，順則婦之行。凡斯二者，足以和矣。《詩》云：「在彼無惡，在此無射。」其斯之謂也。

—— 《後漢書·曹世叔妻傳》

新婦譜補　〔清〕查琪（石丈）

◇事繼姑

　　繼姑待媳，稍帶客氣者，世或有之。新婦當此，務以誠心感格。既屬已姑，何分前後。凡事極其誠敬，不假一毫虛飾。阿姑知以真心相待，自然潛孚默奪，並客氣都化了。若新婦胸中稍有芥蒂，即便形之辭色，初則彼此客氣，既而乖戾無所不至矣。或有新婦先入門而繼姑後至者，名分肅然，便當一於誠敬，不可生怠慢心。諺云：先來媳婦不怕晚來婆。此言大謬，戒之戒之。

◇事庶姑

　　或已為嫡媳而家有庶姑，其事庶姑須一視嫡姑之意而將順之，而更曲全之。曲全之道尤宜百般加意。如嫡姑已沒，則待之以和敬可也。不可倚嫡淩庶，致傷庶叔之心，並傷阿翁之心。若已為庶媳，則宜情摯篤切，極體庶姑之情。嫡姑在堂，則事庶姑以心而體或稍殺，統所尊也。嫡姑沒，並體亦極宜尊崇矣。倘或庶姑舉止有未合處，新婦只宜以禮自持，和色婉容，規以正道。不激不隨，方為兩得。

◇逞能

　　一應女工及中饋等務是婦人本分內事，非有奇才異能可炫耀也。新婦切不可矜己之長，形人之短。妯娌姑嫂間每以

此而成嫌隙者有之。昔人戒女曰：慎勿為好。又曰：女子無才便是德。非欲其狀如土偶，一事不為也。有好而矜，有才而炫，所傷婦德實多。

◇火燭

火燭關係最大，而新婦房中尤宜謹慎。凡火箱焙籠須時時親手檢驗，寧寒無熱。不可因衾衣寒冷責罵群婢。一行責罵，彼且得而有辭。火燭之禍基於此矣。其群婢臥具，冬日天寒，被絮不可不厚，萬勿許攜火爐入榻中。察出定行戒飭，此最誤事，不可不慎也。

——《香豔叢書》

婦學　〔清〕章學誠（實齋）

《周官》有「女祝」、「女史」，漢制有「內起居注」。婦人之文字，千古蓋有所用之矣。婦學之名，見於《天官‧內職》。德言容功，所該者廣，非如後世只以文藝為學者也。然《易》訓正位乎內，《禮》職婦功絲枲。《春秋傳》稱賦事獻功，《小雅》篇言酒食是議，則婦人職業，亦約略可知矣。（男子弧矢，女子繫絲，自有分別，至於典禮文辭，男婦皆所服習，蓋後乃夫人內子命婦，於賓享喪祭，皆有禮文，非學不可。）

婦學之目，德容言功。鄭注言為辭令。自非嫻於經禮，習于文章，不足為學，乃知誦詩習禮，古之婦學，略亞丈夫。後世婦女之文，雖稍偏於華采，要其淵源所自，宜知有所受也。

婦學掌於九嬪，教法行於宮壼。內而臣采，外及侯對。六典未詳，自可例測。葛覃師氏，著於風詩。（侯封婦學）婉娩姆教，垂於《內則》。（卿士大夫）歷覽《春秋》內外諸傳、諸侯夫人、大夫內子。並稱文能道，故斐然有章，若呈盈滿之祥。鄧曼詳推于天道，利貞之義。穆姜精解於乾元。魯穆伯之令妻，典言垂訓。齊司徒之內主，有禮加封。以至泉水㳽流，委懷賦懷歸之什，燕飛上下，姜涼送歸媵之詩。凡斯經典禮法，文采風流，與名卿大夫，有何殊別。然皆因事牽聯，偶兒載籍，非特著也。若出後代史，必專篇類徵。列女則如曹昭、蔡琰故事，其為鸞皇彪炳，當十倍於劉範之

書矣。是知婦學亦自後世失傳。三代之隆，並與男子，儀文率由故事，初不為務異也。（不學之人以溱洧諸詩為淫者，自述因謂古之孺婦，矢口成章勝於後之文人，不知萬無是理。詳辨其說於後，此處未暇論也。但婦學則古實有之，惟行于卿士大夫，而非齊民婦女皆知學耳。）

春秋以降，官師分識。學不守于職司，文字流為著述。（古無私門著述，說詳《校讎通義》）丈夫之秀異者，咸以性情所近，撰述名家。（此指戰國先秦諸子家言以及西京以還經史專門之學）至於降為詞章，亦以才美所優，標著文采。（此指西漢元成而後及東京而下諸人詩文集）而婦女之奇慧殊能，鍾於間氣，亦遂得文辭偏著而為今古之所稱，則亦時勢使然而已。然漢廷儒術之盛，班固以為利祿之塗使然。蓋功令所崇，賢才爭奪，士之學業，等於農夫治田，固其宜也。婦人文字非職業，間有擅者，出於天性之優，非有爭於風氣，騖於聲名者也。（好名之習起於中晚文人。古人雖有好名，之病不區區於文藝間也。丈夫而好文名已為識者所鄙，婦女而騖聲名則非陰類矣。）

唐山《房中》之歌，班姬《長信》之賦，風雅正變（雅指房中風指長信），起於宮闈，事關國故，史策載之。其餘篇什寥寥，傳者蓋寡。藝文所錄，約略可以觀矣。若夫樂府流傳，聲詩則佼。木蘭征戌、孔雀乖離、以及陌上采桑之篇，山上蘼蕪之什、四時白佇、子夜芳香，其聲繟以緩，其節柔以靡，則自兩漢古辭（皆無名氏）訖於六朝雜議，並是騷客擬辭，詩人寄興。情雖托於兒女，義實本於風人。故其辭多駢宕，不以男女酬答為嫌也。（如《陌上桑》《羽林郎》之類，雖以貞潔自許，然幽閒女子，豈喋喋與狂且爭口舌哉？

出於擬作佳矣）。至於閨房篇什，間有所傳。其人無論貞淫，而措語俱有邊幅。文君，淫奔人也，而《白頭》止諷相如。蔡琰，失節婦也，而鈔書懇辭十吏。其他安常處順，及以貞切著者。凡有篇章，莫不靜如止水，穆若清風，雖文藻出於天嫻，而範思不逾閫外。此則婦學雖異于古，亦不悖於教化者也。

《國風》男女之辭，皆出詩人所擬，以漢魏六朝篇什證之，更無可疑。（古今一理。不應古人兒女矢口成章，後世學士力追而終不遂也。）譬之男優飾靜女以登場，終不似閨房之雅素也。昧者不知斯理，妄謂古人雖兒女子亦能矢口成章，因為婦女宜於風雅。是猶見優伶登場，演古人事，妄疑古人動止，必先歌曲也。（優伶演古人故事，其歌曲之文正如史傳中夾論替體，蓋有意中之言，決非出於口者。亦有旁觀之見，斷不出本人者。曲文皆所不避。故君子有時涉於自替，宵小有時或至自嘲俾觀者。如讀史傳而兼得詠歎之意體應如是不為嫌也。如使真出君子小人之口無是理矣。《國風》男女之辭，與古人擬男女辭，正當作如是觀。如謂真出男女之口，無論淫者，萬無如此自暴；即貞者亦萬無如此自褻也。）

昔者班氏《漢書》未成而卒，詔其女弟曹昭躬就東觀踵而成之。於是公卿大臣執贄請業，（大儒馬融從受《漢書》句讀）可謂曠千古之所無矣。然專門絕學，有淵源。書不盡言，非其人即無所受爾。又符秦初建學校廣置博士經師，五經精備，而周官失傳。博士上奏太常韋逞之母宋氏家傳周官音義，詔即其家講授，置生員百二十人，隔絳幃而受業，賜宋氏爵，號為宣文君。此亦曠千古之所無矣。然彼時文獻，

盛于江左。苻氏割據山東，遺經絕業幸存。世學家女，非名公卿所能強與聞也。此二女者，並是以婦女身行丈夫事，蓋傳經述史。天人道法所關，恐其淹沒失傳，世主不得不破格而崇禮，非謂才華炫耀驚流俗也。即如靖邊之有譙洗夫人，佐命之有平陽柴主，亦千古所罕矣。一則特開幕府辟署官屬，一則羽葆鼓吹，虎賁班劍，以為隋唐之主，措置非宜，固屬不可。必欲天下婦人以是為法，非特不可，亦無是理也。

晉人崇尚玄風，任情作達。丈夫則糟粕六藝，婦女亦雅尚清言，步障解圍之談。新婦參軍之戲，雖大節未失，而名教蕩然。論者以十六國分裂，生靈塗炭，歸咎清談之滅禮教，誠探本之論也。

王謝大家，雖愍禮法，然其清言名理，會心甚遙。既嗜儒風，亦暢玄旨，方於士學，如中行之失，流為狂簡者耳，（近於異端非近於娼優也）非僅能調五言七字，自詡過於四德三從者也。若其旖旎風光，寒溫酬答，描摩纖曲，刻畫形似，脂粉增其潤色，標榜飾其虛聲。亞人雖曰虛誕，如其兒此，挈妻子而逃矣。（王謝大家雖愍禮法，然實讀書知學，故意思深遠，非如才子佳人一味淺俗好名者比也。）

唐宋以還，婦才之可見者，不過春閨秋怨，花草榮彤，短什小篇。傳其高秀，間有別出著作，如宋尚宮之《女論語》，侯鄭氏之《女孝經》，雖才識不免迂陋，（欲作《女訓》，不知學曹大家《女誡》之體，而妄擬聖經，等於七林說問子虛烏有。）而趨向尚近雅正。藝林稱述，恕其志足嘉爾。（此皆古人婦學失傳，故有志者所成不過如此。）李易安之金石編摩，管道升之書畫精妙，後世亦鮮有其儷矣。然

琳琅款識，惟資對勘於湖州；筆墨精能，亦藉觀摩於承旨。未聞宰相子婦，得偕三舍論文。（李易安與趙明誠集《金石錄》，明誠方在大學，故云爾。）

　　翰林夫人，可共九卿揮麈，蓋文章雖曰公器。而男女實千古大防。凜然名義綱常，何可誣耶？蓋自唐宋以訖前明，國制不廢女樂。公卿入直，則有翠袖熏爐。官司供張，每見紅裙侑酒。梧桐金並，驛亭有秋感之緣。蘭麝天香，曲江有春明之誓。見於紀載，蓋亦詳矣。又前朝虐政，凡縉紳籍沒，波及妻孥，以致詩禮大家，多淪北里。其有妙兼色藝，慧傳聲詩，都人士從而酬唱，大抵情綿春草，思遠秋楓，投贈類於交遊，殷勤通于燕婉。詩情闊達，不復嫌疑閨閣之篇。鼓鍾聞外，其道固當然耳。且如聲詩盛于三唐，而女子傳篇亦寡。今就一代計之，篇會最富，莫如李冶、薛濤、魚玄機三人，其他莫能並焉。是知女冠方妓，多文因酬按之繁，禮法名門，篇簡自非儀之誠，此亦其明證矣。

　　夫傾城名妓，屢接名流，酬答詩章，其命意也。兼具夫妻朋友，可謂善藉辭矣。而古人思君懷友，多托男女殷情。若詩人諷刺邪淫，又代狡狂自述，區分三種，蹊徑略同。品隲韻言，不可不知所辨也。夫忠臣友誼，隱躍存懇摯之誠。諷惡嫉邪言外，見憂傷之意。自序說放廢，而詩之得失懸殊。本旨不明而辭之工拙迴異。（《離騷》求女為真情，則語無倫次，《國風‧溱洧》為自述，亦徑直無味，作為擬托，文情自深）故無名男女之詩，殆如太極陰陽之理，存諸天壤，而智者見智，仁者自見仁也。名妓工詩，亦通古義，轉以男女慕悅之實，托諸詩人溫厚之辭，故其遺言雅而有則，真而不穢，流傳千載，得耀簡編，不能以人廢也。第立言有

體，婦異於男，比如《薤露》雖工，惟施于挽郎為稱；棹歌
縱妙，亦用於舟婦為宜。彼之贈李和張，所處應爾，良家閨
閣，內言且不可聞。門外唱酬，此言何聞為而至耶。（自官
妓革而閨閣不當有門外唱酬，丈夫擬為男女之辭，不可藉以
為例，古之烈女皆然。）

　　夫教坊曲里，雖非先王法制，實前代故事相沿，自非濂
洛諸公，何妨小德出入。故有功名匡濟之佐，忠義氣節之
流，文章道德之儒，高尚隱逸之士，往往閑情有寄，箸於簡
編，禁綱所馳，亦不為盛德累也。第文章可以學古，而制度
則必從時。我朝禮法精嚴，嫌疑慎別，三代以還，未有如是
之肅者也。自宮禁革除女樂，官司不設教坊，則天下男女之
際，無有可以假藉者矣。其有流娼頓妓，漁色售奸，並幹三
尺嚴條，決杖不能援贖。（職官生監並是行止有虧，永不敘
用。）雖吞舟有漏，未必盡罷受書。而君子懷刑，豈可自拘
司敗。每見名流板鐫詩彷，未窺全集，先閱標題。或紀紅粉
麗情，或著青樓唱和，自命風流倜儻，以為古人同然。不知
生今之世，為今之人，苟於禁令未嫻，更何論乎文墨。周公
制禮，同姓不昏。假令生周之後，以為上古男女無別，而瀆
亂人倫，行同禽獸，以為古人有然可乎？（名士詩集先自具
枷杖供招，雖謂未識字可矣。）

　　夫才須學也，學貴識也。才而不學，是為小慧。小慧無
識，是為不才。不才小慧之人，無所不至，以纖佻輕薄為風
雅，（雅者正也，與惡俗相反。習染風氣謂之俗，纖佻鄙俚
皆俗也。鄙俚之俗，猶無傷于世道人心；纖佻之俗則風雅之
罪人也。）以造飾標榜為聲名，（好名之人未有不俗者也）
炫耀後生。娼披士女，人心風俗，流弊不可勝言矣。夫佻達

出於子衿，古人所有。標榜流於巾幗，前代所無。蓋實不足
而爭騖於名，已非夫而藉人為重。男子有志，皆恥為之。乃
至誼絕絲蘿，禮珠授受，輒以緣情綺靡之作，托於斯文氣類
之通，因而聽甲乙於臚傳，求品題於月旦，此則釵樓勾曲，
前代往往有之。靜女閨姝，自有天地以來，未聞有禮也。

　　古之婦學，如「女史」、「女祝」、「女巫」，各以職業為
學，略如男子之專藝而守官矣。至於通方之學，要于德言容
功。德隱雖名，（必如任姒之聖，方稱德之全體）功粗易
舉。（蠶織之類，通乎士庶）至其學之近于文者，言容之
事，為最重也。蓋自家庭內則，以至天子諸侯卿大夫士，莫
不習于禮容。至於朝聘喪祭，后妃夫人內子命婦，皆有職
事。平日講求不預，臨事何以成文。漢之經師，多以章句言
禮。尚賴徐生善為容者，蓋以威儀進止，非徒育說所能盡
也。是婦容之必習於禮，後世大儒，且有不得聞也。（但觀
傳載敬姜之言，森然禮法，豈後世經世大儒所能及。）至於
婦言主於辭命，古者內言不出於閫。所謂辭命亦必禮文之所
須也。孔子云：不學詩，無以言。善辭命者未有不深於詩。
（但觀《春秋》，婦人辭命婉而多風。）乃知古之婦學，必由
禮而通詩，（非禮不知容，非詩不知言）六藝或其兼擅者
耳。（穆姜論《易》之類）後世婦學失傳，其秀穎而知文
者，方自謂女兼士業，德色見於面矣。不知婦人本自有學，
學必以禮為本。舍其本業而妄托於詩，而詩又非古人之所謂
習辭命而善婦方也。是則即以學言，亦如農夫之舍其田而士
失出疆之贄矣！何足徵婦學乎？嗟乎！古之婦學，必由禮以
通詩；今之婦學，轉因詩而敗禮，禮防決而人心風俗不可復
言矣。夫固由無行之文人，倡邪說以陷之。彼真知婦學者，

其禮無行文人，若糞土然，（無行文人學本淺陋，真知學者不難窺破。）何至為所惑哉？（古之賢女，貴有才也。前人有云女子無才便是德者非惡才也。正謂小有才而不知學，乃為矜飾鶩名轉不如村姬田嫗不致貽笑於大方也。）

飾時髦之中駟，為閨閣之絕塵。彼假藉以品題，（或譽過其實或改飾其文）不過憐其色也。無行文人，其心不可問也。嗚呼！已方以為才而炫之，人且以為色而憐之，不知其故而趨之，愚矣！微知其故而亦且趨之，愚之愚矣！女之佳稱，謂之靜女，靜則近於學矣。今之號才女者，何其動耶？何擾擾之甚耶？噫！

○跋

章實齋進士《婦學》，余於《藝海珠塵》中得見全帙。其言婉而多風，洵金閨藥石也。因錄登叢書之。蓋較陸麗京、陳乾初、查石丈《新婦譜》、徐野君《婦德四箴》，更進一籌矣。丁卯上已日震澤楊復吉識。

—— 《香豔叢書》

御定內則衍義·序 〔清〕愛新覺羅福臨

　　順治十三年八月壬寅，上仰承皇太后慈訓，製為《內則衍義》成書，並為序文，恭呈聖覽。序曰臣：聞致治之道，有大經大法，以儀型乎邦國。必有內治內教，以模楷乎宮闈。故《關雎》為王化之端，乾坤居大《易》之首。聖人垂訓，未有不以門內為兢兢者也。三代以前，聖后賢妃肇修內治，以致化行俗美，具載典冊。自非天佑至德，孰能集貞淑之大成，振古今之懿化哉？恭惟聖母皇太后佐我皇考興道致治，徽音雍穆，慈誨周詳。有典有則，興仁興讓。允為萬世壼教之軌範，臣敬遵慈旨，蒐輯古來嘉言美行，統成一編。上備披閱，下示來茲。謹按《內則》所載，皆閨門之內起敬起孝興仁興讓之事，而首曰後王命塚宰降德於眾，兆民謂此乃王后世子所躬行心得而可為民法者，故不言布教而言降德也。夫聖人言欲治其國者，先齊其家。又言家正而天下定。齊之正之，其惟《內則》乎？世傳后妃紀、列女傳、家範、內訓諸書，著作不少，然未嘗原本《內則》而發明之，夫豈所以尊經立教與今？是書一本經典而推衍之，微而聲氣容色，顯而言動儀文，精而樂心養志，粗而中饋女工，所以操其心而檢其身者，施諸一家無不宜，放乎四海無不準。究其指歸有八要焉：孝者順親之要，其類有二：事舅姑、事父母是也。敬者內助之要，其類有五：事夫、勸學、佐忠、贊廉、重賢是也。教者昌後之要，其類有三：教子、勉學、訓

忠是也。禮者恃己之要，其類有九：敬祭祀、肅家政、定
變、守貞、殉節、端好尚、崇儉約、謹言、慎儀是也。讓者
睦戚之要，其類有四：崇謙退、和妯娌、睦宗族、待外戚是
也。慈者推恩之要，其類有五：逮下、慈幼、敦仁、愛民、
宥過是也。勤者修業之要，其類有二：女工、飲食是也。學
者取法之要，其類有二：好學、著書是也。每舉一類，必證
以聖賢經傳之言，實以古今淑順之行。所采事蹟貴賤不同，
而其道則同。所引文辭深淺不一，而其理則一。闡明大指，
詮釋微文，名曰《內則衍義》。自禁壼達乎閭巷，咸於斯取則
焉，必皆感發其性情，漸摩乎理義，廣教化而美風俗，宮闈
之嘉言懿行，直與邦國之大經大法並垂不朽。聖母皇太后休
聲盛德炳若日星，永作則於萬世矣。

《御定內則衍義·凡例》：

一、著書求其可法，故博采正史，加以斷論。若流虹繞
電等事雖稱祥瑞，恐近荒唐，皆不敢錄。

二、道莫先於孝，而女以夫為家，故事舅姑列事父母之
前，刲股割肝等事雖曰至情，不可為例，概刪之。

三、《內則》為聖賢相傳之正經，故每項俱用《內則》
冠首。正經無可采，始引他書以證之。然嘉言善行俱出十三
經、二十一史，及《通鑑》《通考》等書，稗官野史近代雜刻
者不錄。

四、同為此類，中間情節不同俱分疏詳解，以便參觀。

五、守貞、殉節二類，其事甚繁，其人至多。故更加分
析守貞約二十項，殉節約四十餘項。

六、賢后事多可學，不憚詳引如漢之馬鄧，宋之曹高向
孟，本傳所載分佈各類，庶文不重複而美無掛漏。

《御定內則衍義·目錄》：

《四庫全書總目提要》：

臣等謹案：《內則衍義》十六卷，順治十三年大學士傅以漸恭纂，仰邀欽定，冠以御製序文。以《禮記·內則》篇為本，援引經史諸書，以佐證推闡之。分八綱三十二子目：一曰孝之道，分事舅姑事父母二子目。二曰敬之道，分事夫勸學佐忠贊廉重賢五子目。三曰教之道，分教子勉學訓忠三子目。四曰禮之道，分敬祭祀肅家政定變守貞殉節端好尚崇

儉約謹言慎儀九子目。五曰讓之道，分崇謙退和妯娌睦宗族待外戚四子目。六曰慈之道，分逮下慈幼敦仁愛民宥過五子目。七曰勤之道，分女工飲食二子目。八曰學之道，分好學著書二子目。考古西周盛運化起宮闈，周南始關雎，而桃夭漢廣丕變乎民風，召南始鵲巢而采蘋采蘩具嫻乎禮教。蓋正其家而天下正，天下各正其家而風俗淳美，民物泰平。故先王治世必以內政為本也。此編出自聖裁，併經慈鑒，端人倫之始，以握風化之源。疏通經義，使知所遵循。引證史文，使有所法戒。用以修明闈教，永著典型。以視豐鎬開基之治，有過之無不及矣。班昭《女誡》以下，區區爝火之明，又何足仰擬日月歟！

　　乾隆四十五年六月恭校上

　　總纂官：臣紀昀、臣陸錫熊、臣孫士毅。總校官：臣陸費墀

　　　　　　　　　　　——《四庫全書·子部·儒家類》

國家圖書館出版品預行編目資料

華夏女子庭訓／沈時蓉等編著 .-- 初版 .--

臺北市：萬卷樓, 民 92

面；　　公分

ISBN 957-739-437-X(平裝)

1.修身 2.婦女

192.15　　　　　　　　　　　92004775

華夏女子庭訓

編　著　者	沈時蓉、方滿錦、馮瑞龍、詹杭倫
發　行　人	楊愛民
出　版　者	萬卷樓圖書股份有限公司
	地址：臺北市羅斯福路二段 41 號 6 樓之 3
	電話：(02)23216565‧23952992
	傳真：(02)23944113
	劃撥帳號：15624015 萬卷樓圖書股份有限公司
	網址：http://www.wanjuan.com.tw
	E-mail：wanjuan@tpts5.seed.net.tw
出版登記證	新聞局局版臺業字第 5655 號
總　經　銷	紅螞蟻圖書有限公司
	地址：臺北市內湖區舊宗路二段 121 巷 28 號 4F
	電話：(02)27953656(代表號)
	傳真：(02)27954100
	E-mail：red0511@ms51.hinet.net
承 印 廠 商	晟齊實業有限公司
定　　價	240 元
出 版 日 期	民國 92 年 4 月初版

ISBN 957－739－437－X